N° 99 du Catalogue.

mmann... s le jour du terme par le cri de :
propriétaires! Le procédé de l'immersion pré-
ajourd'hui des difficultés pratiques, il a imaginé
fient qui ne manque pas d'originalité. Il savait
propriétaire, M. Barre, était rentré. Il prend chez
gros clous et les met à la porte de M. Barre. Son
fait, un scrupule le saisit : « Le brigand, se dit-
as assez bien cloué ! » et il remet deux autres
revient encore une fois en mettre un cinquième,
opriétaire l'entend dire, tout en clouant : « A
nous allons déménager à sa barbe, et s'il sort,
comme un rat. » M. Barre, qui trouve la plaide mauvais goût, se démène dans sa boîte, il
es voisins, et, au bout de trois heures, il a le
de se voir décloué par un sergent de ville.
lience, Godefrin donne des explications, qui se
t ainsi : « Je n'avais jamais eu affaire au *papier*
-en recevant le commandement signifié par
, j'ai eu peur, et pour l'empêcher de retourner
huissier, j'ai posé quelques clous à sa porte.
lus, dit-il en terminant, voilà bien du bruit
propriétaire qui n'est qu'un concierge. »
aît qu'en effet M. Barre, en propriétaire éco-
dlaye sa propre maison, et tire au besoin le cor-
s locataires. C'est encore là un des griefs de
, et il essaye vainement de les faire partager au
Il est condamné à six jours de prison.
y de la Charente avait à juger, dans sa dernière
c, trois assassinats commis par des individus
s. La première affaire a été renvoyée à une
e session. Dans les deux autres, les accusés ont
amnés, l'un à mort, l'autre aux travaux forcés
uité. Celui-ci vivait en double adultère avec
ne qu'il obsédait de sa jalousie. Elle a voulu le
et il lui a coupé le cou. On ne peut pas dire
t prise en traître, car peu de jours auparavant
prévenue. « Chère amie, lui écrivait-il, je fini-
e tuer, si tu ne veux plus faire comme nous
utume.» Le jury, en admettant la préméditation,
son verdict une déclaration de circonstances at-
s. Il avait ses raisons, probablement.
e je dis là n'est pas une épigramme, au moins.
ni le droit, ni la volonté d'attaquer un verdict
u jury. J'ai lu, contre l'abus des circonstances
tes, des critiques très-spirituelles, très-spé-
—et très-peu fondées. Le plus souvent, ceux de
étaient signées ne connaissaient l'affaire dont
tient que par le compte-rendu, inévitablement
des journaux. Et remarquez que pour porter
nent en pareille matière, il ne suffirait pas que
ssiez sous les yeux une sténographie exacte,
e, où aucune circonstance n'eût été omise. Ce
ne les débats, l'attitude, la voix, le ton, le regard
sés et des témoins, ce courant magnétique d'im-
s diverses qui se succèdent dans votre esprit, se

rité, le tact d'un esprit délicat et les ressources d'une
intelligence étendue et variée. Ce qu'il fut comme
avocat, quelle sève éternelle de jeunesse, quelle spon-
tanéité il y avait dans cette parole brillante, habile à
faire vibrer toutes les cordes, spirituelle autant que logique, élégante en même temps qu'énergique, tout le
monde le sait ; à quoi bon le redire ? Cette parole,
d'ailleurs, n'est pas perdue pour le Palais ; elle va se
transformer, et ce que nous saluons aujourd'hui, ce n'est
pas une retraite, c'est un avènement.

M. Chaix laisse au Palais pour plus de cent mille
francs d'affaires à partager entre ses anciens confrères.
A qui ira cette clientèle personnelle et choisie ? A qui
le Trésor, à qui les hospices, à qui la Banque, à qui
les agents de change, à qui le Mont-de-Piété, à qui
les ministères de l'intérieur et des finances, à qui les
fructueuses affaires de la Ville, à qui les agréables procès de l'Opéra, de l'Opéra-Comique et du Théâtre-
Italien, fardeaux lourds pour tout autre et qui ne l'ac-
cablaient pas? A qui la grande affaire du moment, cette
affaire Jeufosse, ce drame de famille mystérieux et inex-
pliqué, pour laquelle, avant les intéressés eux-mêmes,
le Palais avait désigné Me Chaix-d'Est-Ange, et qui devait
renouveler, avec un orateur tel que lui, les magnificences
et les émotions du procès Laroncière? A qui la succession
d'Alexandre? Tel est le texte des conversations de la salle
des pas perdus, de la Bibliothèque, de la *Parlotte*, bruit
dont l'écho bourdonne encore à mes oreilles au moment
où je signe.

PETIT-JEAN.

Les personnes *dont l'abonnement expire le 1er dé-
cembre*, ce qu'elles peuvent constater en vérifiant la
bande d'adresse du journal qui mentionne l'échéance
de l'abonnement, sont priées de le renouveler *prompt-
tement*, afin de n'éprouver aucune interruption dans
l'envoi du *Monde illustré*.

Les demandes de renouvellement d'abonnement,
ainsi que toutes les réclamations, doivent être accom-
pagnées de la dernière bande d'adresse.

L'Administration vient de réimprimer les six premiers mois épuisés du *Monde illustré* ; les nouveaux
souscripteurs qui désireront faire remonter leur abonnement à la création du journal seront servis immédiatement.

Obsèques de la sœur Rosalie. (Hôpital militaire du Gr

CHAPELLE

(illilou.)

VIE

DE LA

SOEUR ROSALIE.

Sr Rosalie

VIE

DE LA

SOEUR ROSALIE

FILLE DE LA CHARITÉ

PAR

M. LE VICOMTE DE MELUN

PARIS

LIBRAIRIE DE Mme Ve POUSSIELGUE-RUSAND

Rue Saint-Sulpice, 23

—

1857

PRÉFACE

Le jour même des funérailles de la sœur Rosalie, au milieu du deuil universel, une pensée vint à quelques-uns de ses amis : ils se promirent, comme adoucissement à leur douleur, de mettre en commun ce qu'ils se rappelaient de sa vie, et de présenter ces souvenirs au respect et à la reconnaissance de tous. Ce livre est l'accomplissement de cette

1

promesse. Il n'a pas la prétention de faire connaître à fond une âme dont Dieu seul a le secret. La plus grande partie de ce qu'a fait la sœur Rosalie ne pouvait être arraché aux ténèbres dont son humilité enveloppait ses belles actions ; l'auteur a cherché seulement à saisir quelques traits épars de cette sainte physionomie, à recueillir quelques-uns des rayons de cette charité si grande dans sa modestie, si lumineuse dans son obscurité ; et pour que, malgré les imperfections de l'œuvre, le portrait fût ressemblant et l'écho fidèle, il s'est attaché à l'exactitude et à la sincérité du récit : les paroles qu'il répète, il les tient de ceux qui les ont entendues ; les faits qu'il rapporte ont été racontés par les auteurs ou les témoins ; et ses appréciations personnelles sont le fruit d'une longue et respectueuse amitié avec celle dont il écrit l'histoire, amitié qui doit être la garantie et la protection de son travail.

Une seule objection aurait pu arrêter sa plume : la crainte de manquer à l'humilité d'une âme qui avait si grand'peur d'attirer l'attention et le bruit. Mais Dieu, qui recommande à ses enfants, pendant leur pèlerinage en ce monde, l'amour des humiliations, de la pauvreté et des souffrances, les récompense dans l'autre par une gloire et un bonheur infinis, et l'Église entoure d'illustration et d'éclat la mémoire de ceux qui ont suivi, sans en rien oublier, les conseils de l'Évangile. N'est-il pas du devoir d'un chrétien d'imiter l'Église, dans la mesure de sa faiblesse, et de travailler, par tous les moyens en son pouvoir, à glorifier au delà du tombeau les humbles, les pauvres, les malheureux volontaires ? Manifester les mérites d'une vie cachée, c'est servir les desseins de Dieu, et les hommages du peuple préparent le culte des saints.

La publicité met tant de soin à découvrir

les crimes, à révéler les désordres; elle est si habile à porter la lumière sur les iniquités qui se dérobent au jour, à rechercher les titres perdus que les hommes peuvent avoir au mé-pris de leurs contemporains et de la postérité; n'est-il pas nécessaire d'opposer les révélations du bien à celles du mal, les secrets de la vertu aux mystères du vice, et l'édification au scandale? N'y aurait-il pas injustice et danger à taire ce qui honore et relève l'humanité si souvent compromise par les indiscrétions de l'histoire? Le témoignage public rendu par l'excellence des œuvres à la supériorité de la doctrine protége les faibles, devient un argument contre le doute, une puissance sur l'opinion, et sert efficacement la vérité dans sa lutte incessante contre l'erreur : la charité en profite comme la foi.

Il ne faut pas que la mort interrompe le bien qui se faisait pendant la vie; la publicité des vertus, la manifestation des bonnes œuvres, sont pour ceux qui survivent une leçon éloquente et le plus puissant des encouragements, et lors même que la main est glacée et la voix éteinte, le récit des actions et des paroles agit et enseigne encore. Sous ce point de vue, quelle vie est plus utile à publier que celle de la sœur Rosalie !

Il n'est pas ici question de ces merveilleuses existences, séparées de nous par le long intervalle des siècles, les austérités du cloître, l'éclat des miracles, qui prennent une place si haute dans l'étonnement et l'admiration des peuples, qu'elles échappent à leur imitation.

La sœur Rosalie était de notre temps, elle a habité au milieu de nous; chacun a pu la voir, l'interroger à toute heure; elle s'occupait de nos intérêts, de nos affaires, de nos œuvres; elle a partagé nos joies et nos tristesses; elle a traversé nos révolutions; toute sainte religieuse qu'elle était, elle a vécu en contact intime avec son siècle et son pays; la charité qu'elle pratiquait sous nos yeux et en notre faveur, était celle que nous entendons prêcher, que nous voyons pratiquer tous les jours, et elle en a tellement épuisé toutes les formes et exercé toutes les puissances, que chaque personne, quelle que soit sa position, sa fortune et sa destinée, trouvera, dans la vie de cette fille de saint Vincent de Paul, quelque chose d'applicable à la sienne. Le riche y apprendra l'usage qu'il doit faire de ses richesses; le pauvre, de sa pauvreté; l'heureux, de ses joies; l'affligé, de sa douleur; le sceptique et l'égoïste, comment on croit, on aime et on se sacrifie, et à quelle source divine se puisent la foi et la charité. Et cet enseignement paraîtra si simple et si facile, que chacun éprouvera le désir de le mettre en pratique, et de faire un peu et quelquefois ce que la sœur Rosalie faisait si bien et tous les jours.

En offrant principalement ce livre à ceux qui ont connu et par conséquent aimé la supérieure de la Maison de l'Épée-de-Bois, nous les prions avec instance de nous aider à compléter notre travail, et à le rendre moins indigne d'elle. Il leur sera facile de constater beaucoup de lacunes et d'oublis, de signaler plus d'une erreur. Qu'ils veuillent bien nous transmettre ce qui, dans leurs souvenirs, a échappé à nos recherches; les moindres communications seront reçues avec reconnaissance et mises à profit, non pour la vaine ambition d'un succès littéraire et la satisfaction d'une stérile curiosité, mais dans l'espérance d'éveiller un bon sentiment et de provoquer une bonne œuvre. Dans une vie où les plus admirables vertus se montrent quotidiennes, accessibles et familières, dont tous les incidents sont une entraînante prédication de la charité, chaque action révélée, chaque parole nouvelle augmentera chez le lecteur le désir et la facilité du bien ; ce sera pour lui un conseil de plus à suivre, un exemple de plus à imiter.

VIE

DE LA

SŒUR ROSALIE.

CHAPITRE I.

ENFANCE DE LA SŒUR ROSALIE.

Jeanne - Marie Rendu, en religion sœur Rosalie, naquit le 8 septembre 1787, à Comfort, hameau dépendant de la commune de Lancrans, au pays de Gex, aujourd'hui département de l'Ain. Sa famille appartenait à cette ancienne bourgeoisie qui avait acquis, par une longue suite d'utiles travaux, un bien-être également éloigné du luxe et de la gêne, et dont la position, plus honorable qu'éclatante, attirait le respect sans exciter l'envie. Jeanne, l'aînée de trois filles, fut élevée avec ses sœurs par sa mère, Anne Laracine, restée veuve après neuf ans de mariage.

Ses premières années furent à l'abri de tout souffle malfaisant; elle puisa à l'école maternelle cette éducation forte, religieuse, qui s'inspire plus qu'elle ne s'apprend, et vient surtout de l'exemple; elle ne reçut que de bonnes et salutaires impressions du pays qui fut son berceau.

Pendant que l'incrédulité s'emparait de l'Europe, qu'à la voix de la France toutes les barrières s'abaissaient devant le libertinage de l'esprit et du cœur, que des hauteurs de la naissance, de la fortune, de l'intelligence, les doctrines antichrétiennes descendaient dans le peuple et lui forgeaient des armes contre ses imprudents instituteurs, le pays de Gex restait étranger à cette invasion; il semblait conserver l'empreinte des pas et l'écho des paroles de son apôtre, saint François de Sales.

Dans ces profondes vallées, à l'abri des hautes cimes du Jura, la foi s'était maintenue franche et naïve, les mœurs simples, la discipline austère; à la fin du xviiie siècle, on y retrouvait quelque chose de la vie des patriarches : l'hospitalité s'y exerçait comme au temps d'Abraham ; les enfants des familles les plus aisées allaient, comme Jacob, garder les troupeaux dans la montagne, puiser l'eau comme Rebecca à la fontaine du chemin, et, associant Dieu à leurs courses comme à leurs travaux, ils charmaient la longueur du jour, le silence, la solitude, en chantant des cantiques ou en récitant des prières.

L'enfance de Jeanne respira cet air pur ; elle grandit dans ces simples et pieuses habitudes. Les bonnes influences de la famille et de la patrie, qui semblent glisser sur l'enfant, venaient comme une rosée du ciel féconder pour l'avenir le germe des vertus que Dieu avait semées dans son âme. C'était alors une jolie petite fille, vive, espiègle, toujours en mouvement, au regard spirituel et fin, à la malicieuse physionomie; capricieuse, volontaire, comme on l'est à cet âge, se dépêchant, disait-elle, de faire toutes les méchancetés possibles, afin de n'avoir plus de fautes à commettre dès qu'elle aurait atteint l'âge de raison; taquinant ses sœurs, aimant à jeter leurs poupées dans le jardin du voisin, plus occupée de papillons que de livres, n'étant au jeu ni la dernière ni la plus modérée. Mais sa mère ne s'en inquiétait pas: elle avait eu le pressentiment pendant sa grossesse, répétait-elle plus tard, qu'elle portait dans son sein un enfant de bénédiction; puis Jeanne aimait tant les pauvres! Avec eux elle n'avait jamais ni distractions, ni caprices, elle était toujours douce et complaisante; dès qu'elle en apercevait un sur la route, elle quittait tout pour aller au-devant de lui, le prenait par la main, le conduisait à la maison, et lorsqu'elle n'y trouvait rien à donner, elle partageait son pain avec lui, ou vidait dans son sac sa bourse bien légère. A défaut de pauvres, elle aimait à servir les domestiques, les ouvriers qui travaillaient chez sa mère. Pleine d'attentions et de soins pour eux, elle plaignait leurs peines, partageait leurs fatigues, et manifestait, à travers ses enfantillages, cet esprit d'humilité charitable dont s'est animée toute sa vie. Mais bientôt sa famille fut mise à une terrible épreuve : elle fut appelée à exercer une difficile et méritoire hospitalité.

Jeanne avait sept ans à peine, quand se levèrent sur la France ces jours de sanglante mémoire, qui seraient l'ineffaçable déshonneur d'une époque et d'un pays, si les grands crimes n'y avaient provoqué des vertus aussi grandes. L'humanité paraissait hideuse et dégradée, lorsque, sous les traits d'une populace enivrée de mensonges et de sang, elle poursuivait les prêtres, dénonçait les aristocrates, acclamait aux supplices, et dansait autour de l'échafaud; mais elle se montra magnifique, sublime, dans ces populations nombreuses, aujourd'hui oubliées, qui s'exposaient obscurément à la mort pour entendre une messe, écouter la parole d'un prêtre, et donner asile aux proscrits.

Le pays de Gex, tout abrité qu'il était contre les révolutions, ne put échapper à la Terreur. Les décrets de la Convention y pénétrèrent avec la proclamation de la république; mais cette terre chrétienne ne fut infidèle ni à sa foi ni à sa charité; elle apporta dans la balance sa large part de dévouement et de sacrifices. La famille Rendu fut une de celles qui, par leurs belles actions, rachetèrent le plus généreusement les crimes de leurs concitoyens. Anne Laracine n'hésita pas à exposer sa vie, la vie plus chère de ses enfants, pour sauver celle des autres.

Malgré la loi qui punissait de mort quiconque faciliterait l'exercice du culte condamné ou recélerait un prêtre réfractaire, elle ouvrit sa maison à Dieu et à ses ministres : elle entra résolûment

dans cette lutte , où le bien fut obligé d'emprunter
au mal ses voiles et ses ténèbres , où la vertu eut
contre elle les arrêts de la justice et le glaive de la
loi. Elle y entra avec sa famille, ses domestiques ,
son village tout entier. La trahison, l'indiscrétion d'un seul auraient été mortelles pour tous ;
mais personne ne trahit, personne ne fut indiscret,
quoique chacun sût à quoi l'exposait son silence.
Cependant une seule parole faillit tout perdre ;
elle s'échappa d'une bouche innocente qui igno-
rait quelle peine, dans ce temps, entraînait la
vérité.

Jeanne, trop jeune encore pour être mise dans
le secret, avait surpris des déguisements, entendu
des paroles dites à demi-voix, et son amour de la
vérité en prit ombrage. Elle avait appris de sa
mère qu'il ne faut jamais mentir, elle était con-
vaincue qu'on ne pouvait se cacher que pour faire
le mal ; aussi la dissimulation qu'elle découvrit
lui fut-elle un grand sujet d'étonnement et de
scandale , et elle souffrit beaucoup d'avoir à soupçonner ceux qu'elle aimait.

Elle avait remarqué qu'un nouveau venu, présenté comme domestique sous le nom de Pierre,
était mieux traité que les autres serviteurs : à
table on mettait en réserve pour lui les meilleurs morceaux ; au salon, lorsqu'on se croyait

à l'abri de tout regard étranger, on lui donnait la première place ; enfin, une nuit que l'on supposait l'enfant endormie, elle vit, à travers les rideaux de son lit, Pierre revêtir les habits sacerdotaux et célébrer les saints mystères. Quelque temps après, dans une petite discussion avec sa mère :

« Prenez garde, lui dit-elle, je dirai que Pierre n'est pas Pierre. »

C'était en effet l'évêque d'Annecy.

Une pareille révélation eût été l'arrêt de mort de l'évêque et de ses complices ; et, pour obtenir à l'avenir la discrétion de la petite fille, on lui découvrit tous ces secrets et le danger des indiscrétions. La pauvre enfant ne comprit que trop alors la nécessité de se taire et de se cacher, lorsque, peu de jours après, son cousin, le maire d'Annecy, fut fusillé sur la place publique de sa ville pour n'avoir pas voulu livrer à la profanation et au feu les reliques de saint François de Sales.

En racontant ces lugubres incidents de son enfance, la sœur Rosalie était tremblante, et remerciait Dieu de lui avoir épargné l'épouvantable remords de ce crime involontaire.

Le curé de Lancrans, M. Colliex, mort, il y a peu d'années, dans la cure d'Ambérieu en Bugey, n'avait pas voulu abandonner son troupeau; il parcourait sous un déguisement la contrée, portant la pénitence aux repentants, l'Eucharistie aux fidèles, l'huile sainte aux malades, célébrant les offices dans les cavernes et au fond des bois. Il se chargea d'enseigner à Jeanne son catéchisme. La jeune fille fit sa première communion dans une cave, et reçut la divine hostie de la main du prêtre proscrit. Pour elle ce grand jour se cacha dans les ténèbres; aucune splendeur, aucune fête n'en marqua la solennité; à peine osait-on allumer un cierge, murmurer à voix basse une prière; mais au fond de cette cave, au sein de cette pauvre et silencieuse obscurité, il y avait devant l'autel un prêtre qui se préparait au martyre, une vierge qui jurait au Dieu qu'elle recevait pour la première fois, de l'aimer, de le servir toute sa vie, dans la personne des petits et des pauvres : c'étaient les mystères, les dangers, mais aussi les vertus des catacombes.

Lorsque la justice de Dieu et des hommes eut mis fin au régime de la Terreur, et que la France respira, la mère de Jeanne, pour compléter son éducation, l'envoya passer deux ans dans un pensionnat tenu à Gex par d'anciennes Ursulines. L'âge, les rudes temps qu'elle avait traversés, avaient mûri sa raison et tempéré la vivacité de

son caractère. Elle se montrait si pieuse, si re-
cueillie, si ardente à la prière, si détachée de tout
ce qui attire, de tout ce qui éblouit la jeunesse,
que les religieuses la considéraient plutôt comme
une novice que comme une pensionnaire : elles
comptaient sur sa prochaine profession. Mais le
cloître n'allait pas à sa nature. Dès l'âge de raison, Jeanne avait eu la pensée de se consacrer à
Dieu ; nulle joie du monde ne la séduisait ; elle
ne voulait rien de ses fêtes ni de ses sourires, et
en même temps elle se sentait attirée par ses
gémissements et sa misère ; le besoin qu'elle avait
d'essuyer des larmes, de panser des blessures,
ne s'accordait pas avec la vie contemplative ni
avec la méditation isolée. Elle aimait beaucoup
les Ursulines, admirait leur piété, s'associait avec
délices à leurs prières ; mais, à la sortie de la
chapelle, l'hôpital lui manquait, et il fallait que
sa prière fût accompagnée d'une bonne œuvre.
Ce n'était pas assez pour elle de laisser tomber du
pain en abondance dans la main de Lazare deman-
dant l'aumône à la porte de son couvent ; elle
avait un ardent désir de le sauver du froid de la
rue, de l'installer dans un bon abri, de réchauffer
ses membres fatigués, de consoler ses afflictions
et ses ennuis ; attirée par une impulsion d'en
haut vers le service des pauvres, elle en aimait le

labeur et même les humiliations. Elle avait entendu chanter un cantique sur le bonheur et sur les devoirs des sœurs de la Charité. Une strophe surtout l'avait frappée, elle la rappelait dans ses dernières années. Cette strophe promettait à la sœur, comme parures, les crachats, les ordures du moribond ; elle lui montrait des grâces et des consolations célestes près d'un lit couvert de vermine.

A ces promesses, à ces espérances, elle avait reconnu sa destinée ; depuis ce temps, sans qu'elle en eût la pensée bien formulée, germait en son âme la vocation d'une sœur de la Charité : une visite qu'elle fit avec sa mère à la supérieure de l'hôpital de Gex, ne fit que la confirmer dans sa résolution. M. de Varicourt, curé de Gex, depuis évêque d'Orléans, était le seul confident de ses pensées ; il admirait en elle tout ce qui annonce une sainte, développait, encourageait ses pieuses dispositions ; et lorsque, d'après ses conseils, elle passa à Carouge, dans un pensionnat que venaient de fonder de pieux ecclésiastiques, Jeanne était déjà tout entière à Dieu et aux pauvres. Elle continua ses pieux exercices, sa vie régulière, devint bientôt la favorite de ses maîtresses et l'exemple de ses compagnes ; mais elle tournait toujours ses regards vers l'hôpital de Gex. Elle obtint de sa mère d'aller passer quelque temps auprès des malades, et d'aider la supérieure dans ses charitables fonctions ; là elle fit connaissance avec les souffrances, pour lesquelles elle avait un si grand attrait et une si grande compassion, et commença son apprentissage de dévouement.

Un jour, une de ses amies, Mlle Jacquinot, plus âgée qu'elle de quinze ans, qui avait été élevée dans les mêmes sentiments et partageait les mêmes travaux, lui annonce son prochain départ pour Paris, où elle va entrer dans la communauté des filles de saint Vincent de Paul, récemment rétablie en France par le premier consul. A cette nouvelle, Jeanne n'hésite plus ; elle ouvre le fond de son cœur à son amie, lui révèle ses aspirations, ses espérances, ses longues prières pour obtenir de Dieu de la prendre à son service, de la faire arriver près du lit des malades, et la conjure de l'emmener avec elle. En vain Mlle Jacquinot lui objecte sa jeunesse, son inexpérience, lui demande d'ajourner son projet, de donner plus de temps à la réflexion, lui oppose la résistance de sa mère, qui ne consentira jamais à se séparer d'elle. Jeanne va trouver sa mère, lui dit sa vocation, nourrie depuis longtemps, et que Dieu approuve en lui offrant une occasion de la suivre, et sollicite à genoux son consentement et sa bénédiction. Mme Rendu combattit ce projet par les arguments que lui offraient la prudence et l'amour maternel. Se défiant de la solidité d'une vocation qui lui semblait irréfléchie, elle aurait voulu l'éprouver plus longtemps, avant de renoncer pour jamais à son enfant; mais comme Jeanne insistait vivement au nom de son bonheur et de son salut, Mme Rendu finit par consentir au départ, dans la conviction que le voyage, le temps, la distraction, dissiperaient les illusions d'un premier mouvement, et lui ramèneraient bientôt sa fille. Elle lui donna une lettre pour un ecclésiastique dont elle connaissait le mérite et la vertu, et qui devait, disait-elle, la guérir de sa folie; puis, les deux amies, animées du même esprit, partirent pour la conquête de ce monde inconnu que la charité allait leur livrer.

Les adieux furent mêlés de larmes; la pauvre mère ne se lassait pas d'embrasser sa fille, et lorsque celle-ci fut montée dans la diligence :

« Tourne-toi de mon côté, ma chère enfant, s'écriait-elle, que je te voie encore une fois. »

Elle ne pouvait détacher ses regards de cette voiture, qui emportait plus de la moitié de son âme. Une large blessure saignait aussi au fond du cœur de Jeanne : elle était bien désireuse d'obéir à la volonté de Dieu, et cependant elle pleurait amèrement de quitter sa mère. Elle conserva toute sa vie cette sensibilité : elle éprouva toujours une vive douleur à la perte ou à l'éloignement d'une personne qui lui était chère ; ni le temps ni l'habitude de la résignation ne purent jamais affaiblir chez elle la souffrance des séparations. Sa charité sans limites ne prit la place d'aucune de ses affections ; elle ne fit qu'augmenter sa puissance d'aimer, et, par conséquent, de souffrir dans ceux qu'elle aimait.

A voir la profonde tristesse qui présidait aux adieux de la mère et de la fille, on eût dit que ces deux âmes, si bien faites l'une pour l'autre, avaient le pressentiment de leur avenir : elles ne devaient se revoir qu'une seule fois pendant le long temps qu'elles avaient encore à passer sur la terre, et ne plus se rencontrer ensuite qu'au jour du repos et de la récompense, au seuil de la patrie qui ne connaît ni les adieux ni les absences, et où Dieu les fit arriver toutes deux en même temps.

Le voyage fut rapide, sans incident ; il se passa en méditations et en prières. Arrivées à Paris, le 25 mai de l'année 1802, les deux jeunes filles, peu soucieuses des monuments et des curiosités de la ville, vinrent directement frapper rue du Vieux-Colombier, à la porte de la communauté des sœurs de Saint-Vincent-de-Paul.

CHAPITRE II.

LES SŒURS DE LA CHARITÉ.

Parmi les hommes illustres qui, au XVIIe siècle,
portèrent la France jusqu'à ces hauteurs dont
l'ombre se projette si loin sur la postérité, il en
est un plus populaire que les autres, entouré
d'une gloire plus douce et plus pure. Saint Vincent de Paul apparaît à la terre comme le génie
de la charité elle-même. Partout où l'on pleure,
il console ; partout où l'on souffre, il soulage ;
il relève tout ce qui tombe, il adopte tout ce qui
est abandonné. Orphelins, malades, vieillards,
provinces décimées par la guerre, la disette ou
la peste, contrées lointaines assises à l'ombre de

la barbarie et de la mort, rien n'échappe à son apostolat. Il va jusque dans les bagnes apaiser les désespoirs, provoquer les repentirs. Sa main puissante se retrouve dans chaque fondation pieuse de son siècle, son esprit dans chaque œuvre charitable; il marque tout ce qu'il touche du sceau de la durée et de l'empreinte de la grandeur. Mais jamais il ne fut mieux inspiré de Dieu que le jour où, frappé de toutes les privations imposées aux pauvres, il voulut leur donner, en une seule personne, la piété et la ferveur de la religieuse, l'expérience du médecin, les soins de la garde-malade, l'affection de la mère, la patience éclairée de l'institutrice, l'humble dévouement de la servante, et créa pour eux la fille de la Charité. Jusqu'à lui les œuvres et les congrégations s'étaient partagé la vie des pauvres; chacune avait pris, pour y porter remède, une de leurs privations et de leurs souffrances. Saint Vincent fit sa communauté à son image : il lui confia toutes les misères humaines, comme il les avait toutes adoptées. En effet, le mal a beau varier, multiplier ses formes, la sœur de la Charité est plus habile, plus ingénieuse que lui. Qu'il soit ignorance et ténèbres dans l'enfance, maladie à l'hôpital, blessure sur le champ de bataille, crime dans la prison, esclavage en Afrique, barbarie au désert, la sœur est toujours prête à le combattre et à en triompher. Elle apporte le soulagement et la paix au milieu des douleurs, au milieu des luttes universelles, panse les plaies de l'âme avec celles du corps, et, comme notre Seigneur, convertit en guérissant.

Pour créer ces modèles d'abnégation, pour les faire plus forts que les répugnances de la nature, les révoltes de l'instinct, les veilles, les fatigues, la contagion, la mort, en un mot, pour les élever au-dessus de la nature humaine, leur fondateur n'est pas allé chercher des âmes d'exception, des natures d'élite. Aucune dévotion, aucune austérité extraordinaire n'a été imposée à ses filles ; elles ne sont pas obligées à ces longs offices, à ces méditations prolongées qui enlèvent l'âme à l'influence de la terre, et font du couvent un sanctuaire impénétrable, où l'humanité se transforme et s'essaie à la vie des anges.

Saint Vincent de Paul a appelé dans sa communauté les âmes simples aimant le bien, craignant le mal, sentant en elles le besoin de se dévouer. Dans leurs familles elles eussent été de bonnes et franches chrétiennes, et ne se fussent peut-être distinguées des autres femmes que par un peu plus de bienveillance, d'abnégation et de piété ; dans la communauté, elles restent en contact quotidien avec le monde, elles n'en sont séparées que par l'engagement, bien court et bien léger, de ne pas lui appartenir pendant une année ; mais elles vivent, au milieu de ce monde, dans la présence continuelle de Dieu. La sœur de la Charité le reçoit à la table sainte, le retrouve à tous les instants du jour, dans la crèche du nouveau-né, sur la paille du malheureux, et au pied du lit du malade.

En effet, ce n'est plus l'homme, pas même le prochain, pas même la fille ou le frère, c'est Dieu lui-même qu'elle visite, soigne et sert dans la personne de chaque pauvre. Le monde, ainsi aperçu et compris, se dépouille de ses piéges et de ses dangers, il purifie au lieu de corrompre, et présente à chaque pas une occasion d'édification et de mérite. Chaque service rendu, chaque sacrifice accompli acquiert un prix inestimable de la main qui le reçoit et le récompense ; et la fille de saint Vincent de Paul, pénétrée de la présence divine, emprunte à Dieu lui-même les vertus qu'il a pratiquées sur la terre.

Les autres ordres hospitaliers et charitables, fondés en si grand nombre pendant le xviie siècle, n'avaient pas cru pouvoir conserver leur ferveur première sans le secours des grilles et la perpétuité des vœux. Saint François de Sales lui-même

avait reculé devant cette vie religieuse au milieu
du monde, qu'il avait destinée d'abord à ses
filles de la Visitation. Saint Vincent de Paul eut
plus de foi dans son œuvre ; il a donné à ses
filles, comme il le dit lui-même, pour monastère
la maison des malades, pour cellule une pauvre
chambre, pour cloître les rues de la ville, pour
grille la crainte de Dieu, et pour voile la sainte
modestie. Dieu lui a donné raison : après deux
cents ans, la communauté qu'il a fondée est plus
florissante que jamais ; les vocations y abondent,
les novices lui arrivent de toutes parts, son action
s'étend jusqu'aux extrémités de la terre ; partout
où paraissent les filles de la Charité, les orphelins
leur disent ma mère, les pauvres les appellent
ma sœur, le soldat les réclame en tombant sur
le champ de bataille, le vieillard les veut au che-
vet de son lit pour bien mourir. La France leur
confie ses écoles, ses hôpitaux, ses maisons de
secours ; les autres nations catholiques nous les
empruntent, les protestants nous les envient, et
cherchent en vain à les imiter. Le musulman
lui-même sent tomber à leur aspect ses mépris
et son intolérance. Elles réhabilitent en Orient la
femme et la chrétienne, elles réconcilient l'Occi-
dent avec la vie religieuse, et font partout aimer
et bénir les noms de l'Église et de la France.

La révolution avait trouvé les sœurs de la Charité étrangères à la politique, ignorantes des terribles questions qui se débattaient chaque jour : elles étaient tout entières aux malheureux. La république les traita comme elle traitait les choses et les personnes saintes ; elle se hâta de chasser, comme des suppôts de mensonges et des organes de la superstition, ces envoyées du Ciel ; on avait peur qu'elles n'affaiblissent les haines, et n'apaisassent les colères avec lesquelles on voulait faire des émeutes et de sanglantes journées. On leur interdit d'enseigner au peuple ses devoirs, de parler de Dieu à l'oreille des mourants ; mais en les exilant de leurs communautés, en leur défendant la porte de leurs écoles, de leurs hospices, les décrets de la Convention n'avaient pu arracher de leurs cœurs le dévouement ni la miséricorde. La loi leur avait enlevé l'argent qu'elles pouvaient donner, elle n'avait pu les empêcher de se donner elles-mêmes. Exclues des hôpitaux comme religieuses, elles y rentraient comme infirmières ; privées de la faculté de recevoir le pauvre dans leurs maisons, elles allaient le chercher dans la sienne, et continuaient isolément le bien qu'on leur interdisait en commun. Le malade, en les voyant sous le costume séculier, devinait à la tendresse de l'accueil, à la délicatesse des soins, et aussi à quelques paroles dont il avait perdu l'habitude, que le cœur d'une sœur était caché sous l'habit de la voisine ou de la bonne femme. Grâce à leur visite, il se fit, dans plus d'une misérable mansarde, de saintes conspirations pour arracher des victimes à la mort. L'influence de la charité amollit des âmes implacables, désarma des mains meurtrières, étouffa des cris de proscription et de vengeance ; des consciences faussées par la malfaisante éducation des clubs, revinrent au sentiment du bien et du mal, et Dieu rentra avec la pitié dans l'intérieur de familles qui ne le connaissaient plus.

Les sœurs passèrent ainsi le temps de la Terreur, fidèles aux engagements de leur saint ministère, et protégées contre la loi par la reconnaissance du peuple. Lorsque la tempête s'apaisa, qu'un peu de sécurité revint, et que la charité ne fut plus proscrite sous un habit religieux, les sœurs se hâtèrent de reprendre la vie commune. La maison mère, le noviciat furent rétablis ; les anciennes rappelèrent dans l'arche sainte les colombes dispersées par l'orage. Il fut bien beau le jour où les filles de saint Vincent de Paul prièrent ensemble au pied des mêmes autels, après une si longue et si douloureuse séparation ! Chacune apportait à la communauté quelque

action héroïque, quelque grande œuvre accomplie
au péril de ses jours. Chacune avait à raconter
à ses compagnes les dangereux incidents de son
passage à travers la Terreur ; mais à la joie de
se revoir ne se mêlait aucun regret du passé ;
en rentrant dans la maison des pauvres, en re-
couvrant le droit de soigner les malades, d'in-
struire les enfants, de se dévouer à tout le monde,
elles n'avaient plus rien à demander ; la révolution ne leur avait rien fait perdre, elles retrouvaient à la fois leur patrie, leur famille, leur
fortune. La maison mère reprit sa discipline et
ses travaux, elle recommença à préparer à la
vie religieuse les nouveaux enfants envoyés par
la Providence, et reçut à bras ouverts les deux
jeunes filles, venues des extrémités de la France
pour faire l'apprentissage de la charité.

CHAPITRE III.

LE FAUBOURG SAINT-MARCEAU.

Jeanne ne resta pas longtemps à la maison mère. D'une complexion très‑délicate, douée d'une extrême sensibilité physique et morale, elle était accessible à toutes les émotions inté‑rieures, à toutes les influences du dehors, et eut beaucoup à souffrir dans les premiers temps de son noviciat. Le moindre changement dans l'at‑mosphère l'éprouvait ; elle sentait passer un nuage, une araignée lui faisait peur, le voisi‑nage d'un cimetière l'empêchait de dormir, il lui semblait qu'elle n'aurait jamais le courage d'ensevelir un mort. Chacun des devoirs de la sœur de la Charité qu'elle embrassait avec tant d'ardeur, lui coûta une lutte vigoureuse contre sa répugnance et son instinct ; il lui fallut des efforts inouïs pour triompher de sa faiblesse. Cette lutte, ces efforts, agirent profondément sur sa santé. Après quelques mois de séjour, elle tomba si dangereusement malade, que, pour la faire changer d'air et hâter sa convalescence, elle fut envoyée près de la sœur Tardy, rue des Francs-Bourgeois-Saint-Marcel.

La Terreur elle-même n'avait pas dispersé les sœurs de la maison des Francs-Bourgeois ; cachées sous leur robe laïque, mais trahies sans cesse par leurs bonnes œuvres, elles s'étaient fait pardonner leur foi par leur charité. Comme il fallait les appeler toutes les fois qu'un malheur tombait sur une famille, qu'on n'aurait pu les arrêter qu'au pied du lit d'un pauvre malade, et que tout le monde avait besoin d'elles, il ne se trouva personne pour les dénoncer : leur dévouement fut toléré ; l'autorité elle-même, malgré sa défiance, ferma les yeux sur leurs vertus.

La sœur Rosalie ne pouvait commencer à meilleure école. Elle avait alors seize ans et demi ; sa beauté intérieure rayonnait au dehors ; sa physionomie était pleine de bienveillance, de grâce et de vivacité ; son esprit, à la fois naïf et profond, charmait par sa candide ignorance du mal, par sa merveilleuse intelligence du bien. Dieu avait déposé en elle l'aiguillon et le frein. Chacune de ses paroles, chacune de ses actions, révélait déjà cette nature ferme et sensible, énergique et délicate, qui devait mettre au service de la charité la passion la plus ardente tempérée par la plus sévère raison.

A peine arrivée, Jeanne devint la joie de la petite communauté. Elle allait au-devant de tous les devoirs, se multipliait dans tous les exercices, et déployait un entrain, une activité qu'aucun travail ne pouvait lasser. Les anciennes étaient sous le charme, elles suivaient son impulsion sans s'en apercevoir, et la jeune novice faisait faire à tout le monde ce qu'elle voulait. A la fin de son noviciat, personne dans la maison n'aurait pu se résigner à son départ. La sœur Tardy dit alors à la supérieure générale :

« Je suis très-contente de cette petite Rendu, donnez-lui l'habit, et laissez-la-moi. »

Jeanne fit sa profession à la maison mère, reçut le nom de sœur Rosalie, qui la distinguait d'une autre sœur, appelée comme elle ; puis elle revint, pour ne le plus quitter, au faubourg Saint-Marceau. Il était digne de son zèle et de son génie.

La ville de Paris a fait beaucoup au XIXe siècle

pour agrandir les rues, assainir les logements, faciliter à chacun la santé et la vie ; mais, malgré les progrès de la civilisation, le faubourg Saint-Marceau, c'est-à-dire la quatrième partie du douzième arrondissement, est encore aujourd'hui le type le plus achevé de la souffrance et comme la patrie de la misère. Là, le pauvre est plus pauvre qu'ailleurs, l'insalubrité plus malsaine, la maladie plus meurtrière ; l'industrie elle-même, qui ordinairement relève et embellit tout autour d'elle, prend dans ce quartier la forme de la ruine, et porte les livrées de la misère : car elle s'exerce surtout la nuit, sur des haillons, au coin des bornes et dans les ruisseaux. En 1802, le lendemain de la révolution, après tant d'années de troubles, de disette, de sanglante oisiveté, le faubourg Saint-Marceau était encore bien autre chose. Dans les orgies révolution-naires, il avait acquis une redoutable célébrité ; à l'heure du calme et des réparations, il était tombé dans la langueur, dans le malaise qui succèdent à toutes les ivresses, et revenait difficilement aux devoirs d'une société régulière. De l'éphémère souveraineté exercée en son nom il ne lui restait plus que des blessures aiguës et de profondes souffrances. Dans ces rues étroites et tortueuses, dans ces maisons délabrées, dans ces chambres trop basses, trop humides pour servir d'étable ou d'écurie, des familles entières végétaient pêle-mêle sur la terre ou sur la paille, sans air, sans lumière, sans chaleur, sans pain.

La vie morale et intellectuelle était à l'unisson de l'existence physique : après tant d'années où le culte avait été aboli, l'instruction négligée, on n'eût pas facilement trouvé un enfant qui sût lire, une femme qui se rappelât ses prières. Les âmes sevrées de vérités étaient devenues pauvres comme les corps; il fallait reprendre le chemin de l'église et de l'école, comme celui de l'atelier. Tout était à reconstruire ou à réparer.

C'était une tâche bien difficile que d'avoir à lutter contre une pareille situation. La sœur Rosalie n'en fut pas effrayée. En présence de ce monde à conquérir et à régénérer, elle sentit une grande joie, et remercia Dieu de lui accorder, dès les premiers pas dans la carrière, l'objet de ses ardentes prières. D'abord simple sœur dans la rue des Francs-Bourgeois, quelques années plus tard supérieure de la maison de la rue de l'Épée-de-Bois, mais toujours l'âme de ses compagnes, elle entreprit une guerre énergique contre la misère et les vices de son quartier; elle la poursuivit plus de cinquante années sans un moment d'arrêt, sans un mouvement en arrière, jamais découragée, jamais vaincue, se reposant d'une fatigue par une autre, d'une œuvre accomplie par l'entreprise d'une œuvre nouvelle, n'abandonnant son poste et ses armes que le jour où Dieu, satisfait de ses longs combats et de ses victoires, releva sa servante, et la fit entrer dans son éternel repos.

Comment a-t-elle pu suffire à une pareille lutte? Comment, faible, pauvre, ignorée au début, s'est-elle élevée peu à peu à la puissance et à la renommée? Comment est-elle parvenue à faire concourir à son œuvre obscure et inconnue toutes les forces de la société la plus riche et la plus brillante? Dieu seul le sait. Seulement, on verra, par ce récit, qu'elle n'a fait aucun de ces appels extraordinaires qui ébranlent et entraînent le monde, qu'elle n'a poussé aucun de ces cris de détresse qui vont éveiller les plus endormis, et émouvoir les plus insensibles. Elle n'a, pour ainsi dire, demandé ni cherché personne; confiante en la Providence, elle s'est contentée de bien accueillir ce qui venait à elle, d'accepter ce qui se présentait, et de tirer profit de tout ce que Dieu avait mis entre ses mains.

CHAPITRE IV.

LE BUREAU DE CHARITÉ.

En prenant possession de son faubourg, la
sœur Rosalie n'avait rien à espérer du voisinage : les plus riches auraient été des pauvres
ailleurs. Étrangère à Paris, sans relations avec
le monde, elle ne connaissait dans les autres
quartiers personne dont elle pût réclamer le secours : d'ailleurs, le lendemain de la révolution,
la ruine était dans toutes les fortunes ; chacun
avait quelque chose à demander. Les anciennes
œuvres avaient disparu dans la destruction générale, les nouvelles n'étaient pas encore fondées ;

les églises, à peine ouvertes, avaient besoin des aumônes des fidèles, pour couvrir leur nudité et réparer leur spoliation. Le bureau de charité commençait à peine à s'organiser : le premier, il offrit à la sœur Rosalie ses modiques ressources. C'était le moment où le Consulat venait de remplacer le Directoire ; tous les élans, toutes les initiatives de la jeunesse succédaient aux défaillances d'une honteuse décrépitude : la société, sortie-enfin des convulsions de l'anarchie, sentait le besoin de relever ses ruines.

Le premier consul marchait à grands pas dans la voie des reconstructions ; dès qu'il avait été le maître, il avait voulu restituer à Dieu ses temples et ses ministres, aux pauvres leurs asiles et leurs ressources ; les filles de saint Vincent de Paul reprirent leur place dans la charité publique.

Le jour où l'esprit de l'Évangile avait pénétré dans les lois aussi bien que dans les mœurs, la mission de soulager les pauvres au nom de la société tout entière avait appartenu sans contestation à l'Église. En effet, le christianisme, en tirant le monde moderne des débris mutilés de l'univers païen, lui avait donné, comme Dieu à l'homme, un corps et une âme : il avait confié l'un à l'État, l'autre à l'Église, et avait partagé le gouvernement des choses humaines entre ces deux pouvoirs : à l'État, la direction des affaires civiles, des intérêts politiques, des rapports qui touchent à la vie de ce monde ; à l'Église, l'administration des choses spirituelles et des affaires de l'âme.

Sous cette haute inspiration, le soin et la tutelle des pauvres n'apparaissent pas seulement comme un devoir individuel, mais aussi comme une vertu sociale. L'Église fit le bien comme elle enseignait la vérité : elle fut à la fois l'institutrice et l'aumônière des peuples. Pour accomplir cette grande œuvre, elle attacha un hôtel-Dieu à toutes les cathédrales, fit une maison de secours de chacun de ses monastères, assigna dans ses revenus une large part aux pauvres, et devint le canal par lequel passèrent les libéralités et les aumônes des chrétiens. La loi civile reconnut elle-même cette mission : dans les premiers temps, l'évêque est légalement le défenseur des indigents, le tuteur des orphelins, le père des abandonnés. Il administre leurs biens, plaide en leur nom, accepte pour eux ce qui leur est donné : en un mot, il exerce, par lui ou ses auxiliaires, les diverses fonctions de la charité publique.

Plus tard la société politique et civile élevée

par les mains du clergé voulut pratiquer elle-même les leçons de ses maîtres : elle se fit une part dans le domaine de l'enseignement et de la charité. Pendant que la philosophie s'échappait des écoles ecclésiastiques et cherchait à expliquer le monde sans la théologie, l'État voulut aussi avoir sa charité officielle, et reprendre au clergé la tutelle et la représentation des pauvres. Les rois, les municipalités fondent des hôpitaux, organisent des secours à domicile, qui ne sont plus exclusivement entre des mains religieuses, et dont ils s'attribuent la direction et la surveillance. Mais, là où la société resta catholique, l'État ne prétendit pas se mettre entièrement à la place de l'Église. Les gouvernements, voyant dans la charité religieuse le plus précieux des auxiliaires, traitèrent avec elle pour le service des pauvres qu'ils voulaient secourir ; les évêques, les curés eurent leur place, leur influence dans les conseils charitables.

L'Église accepta volontiers cette transaction ; elle ne pouvait refuser d'aider ses enfants à appliquer eux-mêmes la science qu'elle leur avait si bien enseignée. Déjà les décrets de ses conciles avaient appelé les laïques au partage de l'administration des établissements hospitaliers qu'elle avait fondés. On vit alors un grand nombre de

congrégations s'entendre avec les villes, se char-
ger, sous leur contrôle, de leurs hôpitaux, de
leurs hospices; et saint Vincent de Paul fit entrer ses filles dans les principaux établissements
de la charité communale, en leur ordonnant
d'être soumises aux administrateurs laïques des
maisons qu'elles desservaient. Qu'importait en
effet à la religion le changement survenu dans
ses rapports avec l'assistance publique? On lui
laissait les fatigues, les veilles, les rudes travaux ; on lui permettait encore d'être la servante des pauvres; il n'y a pas à ses yeux de
plus beau titre, ni de plus noble mission. C'était
beaucoup trop aux yeux d'une certaine philosophie.

Quand on voulut essayer d'une société sans
Dieu, il fallut mettre partout l'action civile et
humaine, non plus à côté, non pas même au-
dessus, mais à la place de l'action religieuse:
telle fut l'œuvre du xviiie siècle; il imagina la
philanthropie pour se passer de la charité. L'inflexible logique de la Convention appliqua cette
théorie; elle se hâta de renvoyer les sœurs, de
poursuivre la fermeture de tous les établissements charitables des âges précédents, et chargea
l'État du soin d'abolir la misère. L'arbre devait
bientôt porter ses fruits. Sous prétexte de chan-

ger l'aumône en pension, et de donner aux pauvres un droit au lieu d'un secours, la république de 93 s'empara de tous les biens, légués pendant de longs siècles par la générosité, par la piété des princes et des particuliers; elle en ordonna la vente au profit du trésor. En compensation, on ouvrit à chaque chef-lieu de canton le grand livre de la bienfaisance publique. On devait y inscrire, au nom de tous les invalides, veuves, orphelins, enfants trouvés, des pensions qui ne furent jamais payées à personne. Napoléon se hâta de faire justice de ces folles utopies: il ferma le grand livre, dont toutes les pages étaient blanches, rendit aux hôpitaux, aux hospices les biens non vendus, et, fidèle au système de concilier les institutions du passé avec les principes et les habitudes modernes, il revint à l'ancienne doctrine de la charité publique. Celle-ci ne fut plus une dette de l'État envers le pauvre, un impôt prélevé sur les propriétaires et les ouvriers en faveur de ceux qui n'ont rien et ne travaillent pas; ce fut le don d'une société chrétienne distribué aux plus malheureux de ses enfants, dans la liberté de sa miséricorde et la mesure de ses ressources. Comme au temps de Louis XIV, des administrateurs furent chargés, au nom de l'État ou de la commune, de diriger gratuitement les établissements charitables, et l'on confia aux sœurs le soin des malades et des indigents. La direction fut laïque, l'action dut être religieuse.

Telle fut la pensée que Napoléon voulut faire dominer dans la réorganisation des secours publics, dans les bureaux de charité comme dans les hôpitaux. En associant la science des affaires et l'aptitude administrative au dévouement et à l'abnégation inspirés par la religion, il rétablissait en faveur des pauvres un système bien supérieur aux institutions d'assistance publique des pays où le service des indigents, largement rétribué, n'a plus la puissance du désintéressement ni l'excellence du sacrifice.

La maison de la rue des Francs-Bourgeois-Saint-Marcel avait été désignée comme une des quatre maisons de secours du douzième arrondissement. On y établit une pharmacie, un dépôt de vêtements et de linge, une école gratuite pour les enfants pauvres. Une liste des ménages indigents fut dressée par les soins des administrateurs; le bureau de charité fournit à chaque ménage deux livres de pain par mois, un peu de viande en cas de maladie ou de convalescence, quelques cotrets pendant l'hiver, et, tous les deux ans, une chemise ou une couverture.

Les sœurs furent chargées de délivrer les médicaments, de tenir l'école, de visiter les malades, et de faire la distribution des secours avec le concours de commissaires et de dames de charité.

La sœur Rosalie remplit avec un grand zèle ses nouvelles fonctions, et bientôt sa maison devint un modèle. Le temps était alors à la conciliation ; la misère était profonde : comme on n'avait pas encore oublié les douloureuses leçons de la veille, personne ne songeait plus à élever deux drapeaux sur la maison des pauvres, ni à opposer la bienfaisance publique à la charité religieuse. La société, à peine convalescente, ne disputait pas au dévouement chrétien le droit de panser ses blessures et de cicatriser ses plaies. Tout encourageait le zèle des sœurs ; on ne doutait pas de leur prudence, on se confiait en leur désintéressement. La délivrance d'un bon de pain ou d'une tasse de tisane n'était pas entourée de ce luxe de formalités et de signatures qui transforment quelquefois les institutions d'assistance en une administration plus financière que charitable.

La sœur Rosalie, qui se plaignait si peu du temps présent, ne pouvait s'empêcher de regretter plus tard la liberté laissée à ses débuts dans la carrière de a charité, à cette époque où l'on attachait plus de prix à la bonté de l'action qu'à l'exactitude du chiffre, et où le bien opéré suffisait à la justification des dépenses.

Les administrateurs du bureau de charité du douzième arrondissement, choisis dans le seul intérêt du bien, sans préoccupations de parti ou de système, s'aperçurent bientôt que personne ne comprenait mieux que la sœur Rosalie la véritable situation des pauvres. Ils reconnurent, dès le premier jour, sa profonde intelligence du mal et des remèdes, des besoins et des secours. A toutes leurs questions elle avait une réponse satisfaisante, à chaque difficulté elle apportait une solution ; les secours dont ils lui confiaient la distribution, se multipliant sous ses doigts produisaient au centuple ; et comme elle se plaisait en même temps à leur donner la joie et l'honneur de ses bonnes œuvres, elle devint bientôt leur conseillère et leur amie. Tout se faisait par ses avis, ou plutôt par ses mains ; elle était à la fois leur commissaire et leur dame de charité. Lorsqu'à l'âge de vingt-huit ans elle fut nommée supérieure, le quartier célébra sa nomination comme une fête ; les administrateurs, pour témoigner leur joie, lui firent présent d'un trousseau complet ; elle le ménagea avec une extrême économie, et en portait encore quelque pièce le jour de sa mort.

Quand la révolution de 1830 exclut le clergé des administrations hospitalières, et inscrivit sur les bureaux de secours le nom de la bienfaisance au lieu de celui de la charité, un grand nombre d'administrateurs furent changés; beaucoup de nouveaux venus exprimèrent de grandes préventions contre les sœurs, et la volonté de diminuer leur influence. La sœur Rosalie ne s'en émut pas; elle continua le système du passé, répondit avec le même zèle aux demandes des administrateurs nouveaux, et mit son temps, ses lumières au service de leur inexpérience. Les défiances ne tinrent pas longtemps contre cette abnégation de tous les instants; sa douceur eut bientôt triomphé des hostilités. Ceux-là mêmes qui n'avaient jamais su ce que c'était qu'une sœur, qui ne la connaissaient que par la calomnie, et s'étaient promis un rigorisme à toute épreuve, passèrent comme les autres sous le joug aimable de sa charité.

Les mauvais se retirèrent bientôt, comme vaincus par son ascendant et honteux de le subir; les bons devinrent meilleurs avec elle, et ne séparèrent jamais leur action de la sienne. Sous tous les régimes et jusqu'à son dernier jour, la sœur Rosalie fut, aux yeux du pauvre, le véritable représentant de tout le bien qui se faisait au faubourg Saint-Marceau.

De ce bon accord naquit un grand résultat. Quels que soient la dignité, le mérite de ceux qui l'exercent, la charité publique a toujours à redouter un écueil : l'origine de ses ressources, la forme périodique et presque mécanique de ses distributions, le mode de nomination, le caractère officiel de ses administrateurs favorisent une opinion fausse et dangereuse sur la nature de ses secours. Le pauvre est toujours tenté de croire que son inscription sur la liste des indigents lui constitue un droit, que le bureau de bienfaisance acquitte envers lui une dette. D'ailleurs, il ne faut pas se le dissimuler, séparée de l'action religieuse, l'aumône, même bien placée, n'améliore pas ; si elle arrive mal à propos, elle dégrade et corrompt. Comme, malgré toutes les enquêtes, il lui est difficile de distinguer la véritable indigence de son masque ou de son exagération, souvent elle détourne du travail, dispense de l'effort, devient une prime à la paresse, une facilité aux mauvaises habitudes, et mérite le reproche de faire plus de pauvres qu'elle ne guérit de misères. La charité religieuse, au contraire, faite au nom de la société et de l'individu, se présente, avant tout, au nom de Dieu : elle paraît, aux yeux du pauvre lui-même, venir de l'Évangile, et non de la loi humaine. Puis, en soulageant le corps, elle va droit à l'âme, elle a pour but de corriger en même temps que de secourir ; et en poursuivant l'amendement moral, elle travaille à l'extinction du paupérisme. Car, par une loi providentielle, toute réforme de l'âme profite au corps ; il s'enrichit de ses mérites comme il s'appauvrit de ses défauts. A mesure que vous enlevez à un homme un vice, vous écartez de lui une cause de ruine ; à mesure que vous lui donnez une vertu, vous lui ôtez une chance de misère. Chassez de son cœur l'égoïsme, l'orgueil, la paresse, la recherche des plaisirs coupables, il diminuera ses dépenses stériles ou dangereuses, il augmentera la ration de pain de sa famille, l'instruction et le bien-être de ses enfants ; il épargnera en travail et en salaire ce qu'il dissipait en ivresse et en débauches ; il économisera à la fois fortune et santé. Enfin il y a dans la foi chrétienne des trésors inépuisables de courage et de consolation. En inspirant la résignation, elle ôte plus d'aiguillon à la souffrance, plus d'amertume à la douleur que toutes les distractions offertes par la fortune. Des monceaux d'or n'ont jamais consolé de la mort d'un fils ; une parole de l'Évangile essuie les larmes d'une mère en lui montrant le ciel, où celui qu'elle a perdu prie pour elle et l'attend.

Voilà ce qu'apportait la sœur Rosalie avec ses bons de pain, ses cartes de viande ou de cotrets du bureau de charité.

CHAPITRE V.

VISITES AUX PAUVRES ET AUX MALADES.

A l'aide de ses rapports continuels avec les pauvres, la sœur Rosalie parvint bientôt à les bien connaître; elle ne se bornait pas à cette science superficielle, extérieure, qui constate dans un ménage ce qui manque à la vie matérielle; l'inventaire était malheureusement bien facile à faire, et presque partout il était le même; elle découvrait aussi les plaies cachées sous les dehors d'une indigence dont elles sont trop souvent la source.

Ordinairement elle n'avait pas besoin de gagner la confiance; les aveux venaient au-devant d'elle. On ne pouvait la voir sans reconnaître qu'elle ne cherchait le mal que pour le guérir. A mesure qu'elle découvrait une ignorance, un désordre, une dépravation, sans se rebuter, sans témoigner ni dégoût ni colère, elle réveillait peu à peu dans ces natures engourdies quelques notions du devoir. Sa compassion, sa patience, faisaient pénétrer partout la verité au fond des cœurs.

Quelquefois cependant ses premières tentatives échouaient, et l'on répondait à ses avances par des injures. Elle ne s'étonnait ni ne s'indignait d'une mauvaise réception, mais elle attendait le moment favorable; elle savait bientôt trouver l'occasion de rendre un service, et finissait toujours par triompher des plus mauvaises volontés. Plus d'une fois, renouvelant au milieu de Paris les merveilles des missions lointaines, elle s'empara de toute une famille, fit arriver le père et la mère au baptême, à la première communion, au mariage, apprit aux petits enfants le catéchisme, et prépara l'aïeul à la mort. Quand, plus tard, ses fonctions et son âge lui ôtèrent la joie d'aller voir aussi souvent ses pauvres, elle ne les perdit pas de vue. Elle se fit une loi de ne jamais leur

fermer sa porte, elle avait toujours du temps
pour eux, ils passaient avant tout le monde, et
lors même que la fièvre minait ses forces, que
le médecin lui défendait toute conversation ou
même tout mouvement, on avait grand'peine à
l'empêcher de descendre à leur appel : on n'y
réussissait pas toujours. Pendant une de ses maladies, la sœur de garde à la maison avait refusé à
un homme de son quartier de l'introduire près de
la supérieure ; celui-ci se mit en colère, fit grand
tapage, se plaignit hautement de ce qu'on ne voulait pas s'occuper de lui. La sœur Rosalie l'entend, arrive à la hâte, avec le frisson de la fièvre,
l'apaise, écoute sa demande et lui promet ses
bons offices ; puis, après son départ, elle gronde
doucement la sœur de ne pas l'avoir avertie ; et,
comme celle-ci invoquait les ordres sévères du
médecin et la fièvre, qui devenait plus forte à
chaque imprudence :

« Mon enfant, répondit-elle, laissons le médecin faire son métier, et nous, faisons le nôtre :
écrivez sur-le-champ pour ce brave homme, et à
l'avenir prévenez-moi toujours.

— Mais, ma mère, cet homme s'est emporté !

— Eh ! mon enfant, le pauvre malheureux
a bien autre chose à faire que d'étudier les

belles manières! Il ne faut pas s'effaroucher d'une parole vive, ni se fier à une apparence un peu grossière; ces pauvres gens valent mieux qu'ils ne paraissent. »

Aussi les pauvres du faubourg Saint-Marceau prirent-ils l'habitude d'aller, plusieurs fois la semaine, rendre visite à leur mère; ils vivaient en confiance, en familiarité avec elle; ils lui apportaient leurs idées, leurs plaintes, leurs peines, leurs demandes, leurs secrets. Son cœur était leur refuge, sa conscience leur lumière, et sa maison la leur. Quand le monde les repoussait, quand un atelier leur refusait de l'ouvrage, ou un boulanger du pain; si un propriétaire retenait, en les expulsant, le petit mobilier des jours meilleurs; si le commissaire de police leur déniait la permission d'étaler en plein vent leur chétive industrie; si le fils avait manqué de respect à son vieux père; si la fille avait abandonné le foyer maternel, tous allaient trouver leur mère; son accueil les consolait des mépris du dehors; elle donnait le pain de la journée, parlait au patron, fléchissait le propriétaire ou le commissaire, décidait le fils indocile à demander son pardon, et ramenait au bercail la brebis égarée.

Les méchants arrivaient comme les bons,

ceux qui méritaient son intérêt et ceux qui en avaient abusé, car la bonne sœur ne repoussait personne. Franche avec tous, elle disait à chacun les vérités même les plus dures; mais il y avait tant d'indulgence dans ses reproches, tant de tendresse dans sa sévérité! les plus coupables étaient émus, les plus audacieux baissaient la tête: ils s'en allaient confessant leurs fautes et promettant d'être meilleurs à l'avenir. Alors même qu'ils recommençaient, la sœur Rosalie trouvait toujours un motif pour ne pas les punir. Cependant un ivrogne, malgré les promesses les plus formelles, avait si souvent vendu pour boire tout ce qu'il recevait en objet de literie ou en vêtements, qu'elle prit le parti de ne plus rien lui accorder. A l'entrée de l'hiver, aux premiers jours de gelée, il vient audacieusement demander une couverture, qui lui est refusée; mais le soir, la sœur Rosalie, à peine couchée, pense que, pendant qu'elle se réchauffe dans son lit, le pauvre homme doit avoir bien froid sans couverture. Cette pensée la tint éveillée toute la nuit, et le lendemain il fallut envoyer la couverture au coupable, « afin, disait-elle, que nous puissions, la nuit suivante, nous bien reposer l'un et l'autre. »

La sœur Rosalie était surtout admirable près

du lit des malades; nulle part sa charité ne se montrait plus active et plus puissante. La maladie, cette terrible épreuve pour toute créature humaine, devient la plus impitoyable des calamités pour celui qui n'est séparé de la misère que par le travail. Au premier coup elle frappe d'inaction ses bras, sa seule fortune; aussi le jour où l'ouvrier se couche commence la ruine de sa maison; il communique sa décadence à tout ce qui l'entoure : il voit successivement partir le pain, les meubles, le linge de la famille, et chacune de ses souffrances est aggravée par les privations de ceux qu'il aime. Mais, comme il arrive toujours pour les malheurs qui viennent de Dieu, il y a dans la maladie une source de bénédictions et de grâces.

Elle développe souvent dans la famille désolée des vertus qu'on ne soupçonnait pas, dans les voisins une charité infatigable, enlève le patient lui-même au joug de ses passions, à l'orgueil de la vie, et lui apporte, en échange de tout ce qu'elle lui prend, les bienfaisantes inspirations de l'éternité. A l'heure suprême, la science hésite et se trouble, tout appui humain manque comme un roseau brisé, et l'on sent l'impression d'une main supérieure qui vous tient suspendu sur l'abîme, et n'a plus qu'à s'ouvrir pour vous laisser tomber. Qu'une voix douce et miséricordieuse vous dise alors d'espérer contre toute espérance, de lever les yeux plus haut que la terre, de demander secours au Maître de la vie, elle est écoutée comme un écho du ciel. Sous la parole évangélique, les choses prennent un autre aspect, la douleur apparaît comme une expiation, le désespoir se change en résignation, la malédiction en prière; l'âme s'épure et se fortifie de toutes les ruines du corps, le dernier moment marque l'heure de la délivrance, et l'immortel bonheur arrive aux malheureux par le chemin de la mort.

Dès que la sœur Rosalie apprenait qu'un de ses pauvres était malade, elle accourait près de lui; obligée de le quitter pour d'autres devoirs, elle y envoyait à chaque heure, s'en occupait sans cesse, et faisait partager à tout le monde sa sollicitude. Les médecins eux-mêmes, à qui le grand nombre de malades laisse si peu de temps pour s'intéresser et s'émouvoir, ne pouvaient résister à ses instances; elle demandait leurs soins avec tant d'effusion, les interrogeait avec tant d'inquiétude, qu'ils assistaient spécialement ses pauvres. Leur respect, leur admiration, le désir qu'elle inspirait à tous d'être pour quelque chose dans ses œuvres et dans ses mérites, les portaient à multiplier leurs visites et à faire de grands efforts pour sauver ses protégés; comme on voit chaque jour les plus familiarisés avec les douleurs humaines se laisser gagner par l'émotion d'une mère qui leur demande la vie de son enfant.

Le malade savait à qui il devait ces soins privilégiés. Aussi, comme il attendait, comme il appelait la visite de la sœur! Dès qu'elle entrait, un sourire de bon accueil effleurait ses lèvres mourantes, un regard de reconnaissance ranimait ses yeux éteints; il acceptait de la main respectée le breuvage amer qu'il avait repoussé jusque-là, il reprenait confiance en sa guérison; son pouls devenait moins élevé, sa poitrine moins haletante; quelques bons de pain assuraient la vie de la famille, quelques secours arrêtaient sur le seuil le dernier reste du bien-être qui s'en allait au mont-de-piété. La femme, la mère, fléchissant sous le poids de l'inquiétude et des veilles, reprenaient courage, et les enfants ne pleuraient plus.

Lorsque commençait la convalescence, les attentions, les recherches délicates venaient avec elle. Une robe de chambre bien ouatée, un bon vieux fauteuil permettaient au convalescent de respirer l'air pur et de se ranimer aux rayons du soleil. La sœur Rosalie lui envoyait les cadeaux qu'elle recevait de toutes parts; les fruits, les belles grappes de raisin mûrissaient pour lui dans le petit jardin des sœurs ; mais aussi c'était à la sœur Rosalie qu'une fois rendu à la santé il venait faire sa première visite.

Pendant le cours de la maladie, l'âme n'avait pas été oubliée, et le dimanche suivant toute la famille allait à l'église remercier Dieu de lui avoir envoyé un ange pour la sauver. Si les remèdes échouaient, et s'il fallait prévoir l'heure de l'extrême séparation, la bonne sœur redoublait de soins et de prières. Elle cherchait dans son cœur de ces paroles inspirées qui ôtent à la mort ses angoisses et ses amertumes; à sa voix, les derniers moments s'illuminaient des célestes joies de l'espérance.

Elle triomphait des plus obstinés, de ceux mêmes à qui les fautes de leur vie semblaient rendre impossible une bonne mort. L'un d'eux, qui avait trempé ses mains dans le sang répandu par la première révolution, après avoir longtemps résisté, céda enfin à ses soins et à son affection : il consentit à se confesser. Comme il arrive toujours, il en ressentit une immense joie, et ne cessa jusqu'à son dernier jour d'en remercier Dieu; il attribuait sa conversion aux conseils et aux prières de la sœur, et aussi à une habitude que jusque-là il n'avait jamais pu 's'expliquer. A Nantes, pendant sa jeunesse, il avait assisté, en y applaudissant, aux terribles exécutions de 93. Les nombreuses victimes marchaient à la mort en chantant un cantique à la Reine des martyrs : cet homme n'avait pas oublié ce cantique, et à travers les incidents variés de sa vie, restée si longtemps étrangère à toute pensée chrétienne, à toute pratique religieuse, il l'avait répété chaque jour, comme sous l'impulsion d'une volonté supérieure ; en mourant il le répétait encore avec une prière pour celle qui lui avait ouvert la porte de la réconciliation et du repentir.

Dans ce quartier si mal famé, aucun malade ne repoussait le prêtre envoyé par la sœur Rosalie. Plus d'une fois de tristes demeures se changèrent en maisons d'édification et de prière. Le repentir et la piété s'emparèrent des dernières heures d'une vie consacrée au désordre ; et dans les mansardes où la religion avait été si longtemps méconnue, Dieu trouvait un autel sur le lit d'un malade et un sanctuaire sur les lèvres d'un mourant. Ce jour-là il y avait une grande émotion à la petite communauté du faubourg Saint-Marceau ; on regrettait le pauvre qui n'a-

vait plus besoin que de prières, on racontait sa
mort édifiante, on recueillait comme un héritage
sacré ses dernières recommandations : deux ou
trois petits orphelins venaient en pleurant à la
maison de secours chercher le père, la mère
qu'ils avaient perdus : deux ou trois enfants
de plus entraient dans la famille de la sœur
Rosalie.

Souvent le bien que la sœur avait fait à un
pauvre, à un malade, ne produisait pas de fruits
immédiats, il semblait tombé sur une terre in-
grate, sur un rocher stérile ; on en retrouvait le
germe encore vivant, lorsque depuis de longues
années on le croyait perdu. Dans une des rues
les plus misérables du faubourg Saint-Marceau,
un vieux chiffonnier enrichi avait abandonné sa
femme, et menait la vie la plus scandaleuse ; il
ne témoignait de bons sentiments qu'à sa fille,
qu'il avait envoyée à l'école des sœurs. Sentant sa
fin approcher, il fit demander la sœur Rosalie ;
celle-ci l'avait connu dans ses jours de misère,
l'avait soigné pendant les maladies de sa jeunesse ; elle n'en avait plus entendu parler. A
son appel elle accourt, monte un escalier tortueux, dont la rampe était une corde, pénètre
dans une chambre obscure, et trouve le vieillard couché au milieu des souvenirs de son an-

cien état, et de quelque apparence de sa fortune présente.

« Ma mère, lui dit-il en l'apercevant, je vais mourir, je veux laisser à ma fille l'argent que je possède, et que d'autres après ma mort pourraient lui enlever : je veux vous le donner, chargez-vous de le lui remettre.

— Mais, mon cher, ceci regarde le notaire ; je vais, si vous le voulez, vous en envoyer un.

— Non, non, je ne veux pas de notaire, je ne connais que vous, je n'ai confiance qu'en vous. Prenez cet argent, pour que je puisse mourir tranquille sur le sort de mon enfant. »

La sœur alors lui parle de son âme, lui propose de voir un prêtre, de faire sa paix avec Dieu.

« Je n'ai pas besoin de prêtre, reprit le moribond, pour m'arranger avec Dieu. Vous êtes là, personne ne le représente mieux que vous, et nous pouvons bien traiter ensemble les affaires qui le regardent. »

Il fallut quelque temps à la sœur pour persuader au vieux chiffonnier qu'elle n'était ni notaire ni prêtre ; elle accepta cependant le dépôt qu'il voulait lui confier, et reçut de lui quinze mille francs en billets et en or, qu'il tenait cachés sous sa couverture. En échange de ce service, le bon-

homme consentit à recevoir le prêtre, écouta la
parole sainte, purifia sa conscience, se réconcilia
avec sa femme, et mourut en paix, remerciant
Dieu de lui avoir inspiré la pensée d'appeler la
sœur Rosalie à son lit de mort.

CHAPITRE VI.

INSTITUTIONS EN FAVEUR DE L'ENFANCE.

Quels que soient les torts d'un peuple ou d'une époque, la génération nouvelle, au moment de sa naissance, est en dehors de la dépravation générale, et ne sait rien du mal de ses pères. L'âme de l'enfant est une page blanche, et, tout atteinte qu'elle est de la faute originelle, elle est apte à recevoir l'impression de la vérité et de la vertu. C'est par l'enfance que Dieu rend les siècles corrigibles et les nations guérissables; c'est par elle qu'il fait pénétrer l'innocence dans le monde, comme par le malheur, le repentir. Lorsque vous voulez rendre à un peuple les croyances, les idées, les habitudes qu'il a perdues ; lorsque vous cherchez à réformer ses mœurs, à régénérer sa vie, ne vous effrayez ni de ses refus, ni de sa persévérance dans le mal, ne vous découragez pas si vos efforts ne triomphent pas de son obstination et de son endurcissement ; il y a là des petits enfants qui ne repoussent rien, n'ont de parti pris contre personne, croient à toutes paroles, espèrent en toutes promesses, et tendent leur cœur à quiconque leur ouvre ses bras: Dieu les envoie aux familles les plus perverses, pour laisser au bien quelques chances auprès d'elle ; il les confie à la charité, pour la consoler des mécomptes du présent et lui ouvrir la porte de l'avenir.

Notre temps a compris le parti qu'il pouvait tirer de l'enfance ; l'éducation du peuple est une de ses préoccupations et un de ses plus importants travaux. La loi, en France, a fondé des écoles dans toutes les communes, elle appelle les enfants pauvres à recevoir gratuitement l'instruction qui s'y distribue : une telle générosité lui fait honneur ; mais l'Église, accusée si souvent d'aimer l'ignorance et les ténèbres, n'avait pas attendu notre siècle pour enseigner que la vérité regarde l'ignorance comme sa pire ennemie, et qu'elle a tout à gagner de la science et de la lumière. Dès son origine, elle a ouvert des écoles gratuites jusque dans ses temples, et a institué des ordres religieux dont la mission est d'initier les enfants pauvres aux premières notions des lettres divines et humaines. Seulement deux systèmes se sont disputé l'enseignement du peuple. L'un demande à l'école d'exercer l'intelligence, de lui donner toutes les forces dont elle peut avoir besoin pour agir, sans lui apprendre comment elle doit en user; oubliant que l'instruction, comme toutes les armes mises entre les mains de l'homme, devient protectrice ou meurtrière, suivant l'usage qu'ils en font. Cet imprudent système laisse tomber sur la science les reproches que méritent ses fausses applications, et fait porter à la lumière la responsabilité de l'incendie que l'inexpérience ou la mauvaise volonté allume avec elle.

L'autre système, et de beaucoup le plus sage, ne sépare jamais le développement de l'intelligence de la règle à laquelle elle doit obéir, ne lui livre l'arme qu'en lui assignant son usage et son but, afin de proportionner la force à l'œuvre, la science au devoir, et de maintenir l'harmonie entre les ambitions et les destinées. Telle a toujours été la doctrine de l'Église : elle développe la conscience en même temps que l'esprit, enseigne à la fois ce qu'on est obligé de faire et ce qu'il importe de savoir, et met le catéchisme à la suite de l'alphabet. La sœur Rosalie était, en matière d'enseignement, du parti de l'Église; elle ne considérait la culture de l'esprit que comme un moyen d'arriver au perfectionnement moral, et le savoir comme l'apprentissage de la vertu. Les écoles placées sous sa direction avaient à ses yeux une extrême importance, et elle ne négligeait rien pour faire pénétrer l'instruction dans toutes les familles; mais elle voulait une éducation simple, sérieuse, chrétienne, proportionnée aux carrières et à la condition de ses enfants, et n'approuvait pas ce qu'elle appelait l'exagération du programme de l'instruction primaire : le dessin linéaire, les leçons d'histoire générale et de littérature, tout ce qui s'élevait au-dessus des notions élémentaires lui faisait peur. Elle regrettait surtout le temps consacré au chant dans les écoles de filles.

« La musique, disait-elle, peut convenir aux garçons destinés au contact bruyant des autres hommes, aux travaux en commun et à la vie du dehors; elle peut adoucir les mœurs rudes de l'ouvrier, et substituer d'honnêtes et pacifiques récréations au tumulte et aux orgies du cabaret; mais elle est dangereuse pour les jeunes filles, elle les appelle aux réunions nombreuses et mêlées, les arrache à la modestie, aux devoirs du foyer domestique, pour les livrer à la curiosité de la foule et aux applaudissements du théâtre. Pourquoi chercher à éveiller chez nos pauvres filles des besoins et des goûts en contradiction avec la condition que leur naissance, leur fortune et la société leur imposent? Le dessin, le chant, tout ce surcroît d'instruction n'est bon qu'à les dégoûter de leur aiguille, à propager ces idées de déclassement qu'il serait grand temps de réprimer, et qui font le tourment de la classe ouvrière : car le malheur de nos ouvriers, c'est que personne ne veut plus aujourd'hui rester dans son état. »

Elle aurait voulu aussi que la ville de Paris renonçât à dépenser, chaque année, une somme considérable pour payer l'apprentissage des jeunes filles proclamées premières à la suite d'un concours ouvert entre toutes les écoles communales. Elle écrivait à un de ses amis qui s'occupait d'instruction primaire et d'apprentissage :

« L'apprentissage accordé au concours a de « graves inconvénients que l'expérience m'a fait « connaître. La lutte s'établit plutôt entre les « maîtresses qu'entre les élèves; il n'y a de

« soins, d'attentions que pour les enfants dont
« on attend un succès, au grand détriment de la
« masse, qui a droit à la sollicitude et aux leçons
« de la maîtresse. Une récompense accordée dans
« chaque école sans concours général, sans
« rien de ce qui excite la vanité, d'après le
« travail soutenu, la bonne conduite constatée,
« entretiendrait l'émulation sans faire naître
« l'ambition et la rivalité; l'argent donné en
« prix par la ville, au lieu d'être inutilement
« employé à payer un aprentissage que la jeune
« ouvrière paie ordinairement avec son temps,
« serait placé à la caisse d'épargne au profit
« de la jeune fille, qui n'en jouirait qu'à sa ma-
« jorité. Une mesure que je crois aussi très-
« utile dans notre quartier, consisterait à faire
« ramasser les enfants qui errent dans les rues
« pendant les classes. On rendrait service aux
« parents, dont ils trompent la surveillance, et
« l'on connaîtrait ceux qui abandonnent leurs
« enfants sur la voie publique. Voilà des idées qui
« sont pour moi des vérités incontestables. »

Dans les écoles de la sœur Rosalie la tenue des
enfants était remarquable, et l'on était étonné de
trouver chez les élèves de la rue de l'Épée-de-
Bois une modestie, une réserve, des habitudes
de bienséance et de politesse qui auraient fait

honneur aux rangs les plus élevés. Si la supérieure excluait de la classe les hautes études, comme les rubans des bonnets et les volants des robes, on voyait que l'esprit de piété, de discipline et d'ordre soufflait sur la petite assemblée ; nulle part les enfants ne lisaient plus distinctement, l'écriture n'était plus correcte, on ne savait mieux ses prières ; les robes étaient propres, les mines intelligentes, les visages ouverts. La sœur Rosalie allait tous les jours visiter l'école : dès qu'elle s'y montrait, c'était pour les jeunes filles un moment de grande émotion, de joie pour les savantes et les sages, qu'elle se faisait nommer, de honte pour celles qui étaient punies ; elle allait toujours droit à la pauvre petite pénitente, debout ou à genoux dans un coin, et qui fondait en larmes à son approche ; elle essuyait ses yeux, lui faisait répéter, en la lui soufflant, la leçon qu'elle n'avait pas sue, et demandait pardon pour elle.

« J'ai montré à lire à votre chère maman, disait-elle souvent dans ses dernières années ; qu'elle était sage et gentille quand elle avait votre âge ! elle savait toujours sa leçon ; vous ferez comme elle, n'est-ce pas ? »

La petite fille promettait, retournait consolée à sa place, le soir racontait à la famille enchantée ce bon témoignage rendu à la jeunesse de sa mère, et s'efforçait de devenir la première et la plus sage de l'école.

Dans la rue, si la sœur Rosalie rencontrait une enfant, elle lui demandait toujours à quelle école elle appartenait. Quand celle-ci lui avouait qu'elle n'allait pas en classe, elle faisait venir la mère, la grondait de sa négligence, et lui expliquait tous les avantages de l'éducation chrétienne, qui assure aux parents le respect et l'obéissance des enfants, et prépare des soins pieux à leur vieillesse. Quelquefois la mère n'était pas coupable, l'enfant n'avait pu être reçue faute de place ; car, malgré la munificence de la ville de Paris envers l'instruction primaire, les écoles sont loin de suffire aux besoins de la population. La sœur Rosalie prenait alors la petite fille par la main, et la présentant elle-même à la sœur de la classe :

« Trouvez-moi, je vous prie, une petite place pour cette enfant.

— Mais tout est plein, ma mère.

— Cherchez bien ; elle est si mince, il ne lui en faut pas beaucoup, et vous me ferez grand plaisir. »

A la voix de la sœur Rosalie, toutes les élèves se serraient les unes contre les autres, et trouvaient moyen d'admettre dans leurs rangs la nouvelle venue ; car c'était pour toutes une grande joie de faire plaisir à leur bonne mère. Celle-ci, en les quittant, allait visiter les paniers dans lesquels elles apportaient leur goûter, et, à la fin de la classe, les plus légers se trouvaient plus remplis que les autres.

Frappée de cette insuffisance des écoles chrétiennes, et des dangers auxquels elle expose les enfants pauvres, la sœur Rosalie poursuivit avec son énergie accoutumée la création de classes dans la rue du Banquier, fit un appel à toutes les personnes qu'elle savait dévouées à la bonne éducation du peuple, et parvint à réunir la somme nécessaire à cette fondation. A force de démarches, en faisant agir toutes les influences qu'elle avait à sa disposition, elle obtint de la ville de Paris l'adoption de cette école ; une maison de sœurs y fut organisée, trois classes furent ouvertes. Un ouvroir permit d'associer le travail manuel à l'étude, et bientôt une sœur de la nouvelle communauté fut chargée de visiter la population, si malheureuse et si abandonnée, qui habite en dehors de la barrière d'Ivry, et qui a si grand besoin que la charité lui apporte des lumières et des secours.

En 1844, la sœur Rosalie voulut étendre jusqu'à la naissance les soins qu'elle donnait à sa nombreuse famille ; elle fit établir une crèche, au-dessus même de l'école, dans la maison de secours. Cette institution, de date récente, avait déjà soulevé plusieurs objections qui ne l'arrêtèrent pas : il lui semblait injuste de reprocher à la charité d'encourager les mères à négliger leurs devoirs, lorsque dans la crèche elle les oblige à venir plusieurs fois le jour allaiter leurs enfants, et ne se met à leur place qu'à l'heure où le travail de l'atelier, le commerce ambulant les forcent de quitter leurs nourrissons.

« Pourquoi, disait-elle, interdire aux pauvres, comme un oubli de la maternité, ce que des femmes qui n'ont ni leur travail ni leur misère pour excuse, font chaque jour sans provoquer ni réclamations ni reproches ? »

Un grand nombre de mères, dans l'intérêt de leur santé, de leur liberté, et même de leurs plaisirs, abandonnent leurs enfants à des nourrices lointaines, se débarrassant sur des mercenaires du soin de les nourrir de leur lait, et de veiller sur eux la nuit et le jour.

La pauvre mère du faubourg Saint-Marceau n'envoie pas loin d'elle son nouveau-né, et ne refuse pas de veiller la nuit après ses laborieuses journées ; seulement elle le confie dans la crèche, pendant ses absences forcées, à la plus tendre,

à la plus éclairée des vigilances. Quant au danger
de réunir dans la crèche un trop grand nombre
d'enfants, et de les exposer aux maladies qui
viennent de cette réunion, la sœur Rosalie n'en
était pas effrayée ; elle comparait les visages frais
et roses de ses petits hôtes au teint hâle et flétri,
aux apparences scrofuleuses des pauvres enfants
étiolés dans les mansardes de leur famille ou les
habitations malsaines des gardiennes, et se livrait sans scrupule au bonheur d'entourer ces
frêles et délicates créatures de soins et d'affection,
de remplacer leurs langes en guenilles, leur lit
de sales chiffons par le linge le plus blanc,
par le plus joli berceau. La crèche était sa récréation, son orgueil, son repos ; elle la montrait à ses amis, aux étrangers, y montait dès
qu'elle avait un moment de loisir ; son appari-
tion mettait tout le petit peuple en mouvement ;
il y avait presse autour d'elle pour demander un
baiser, une parole, un regard ; les plus grands
se jetaient dans ses bras, ou tendaient vers elle
leurs petites mains en se roulant à ses pieds et
baisant le bas de sa robe. Elle s'arrêtait devant
chaque berceau, provoquait les sourires, apaisait
les chagrins, essuyait les larmes, soutenait celui
qui essayait de marcher, berçait celui qui voulait dormir, les embrassait tous, et ne s'arrachait

qu'avec peine aux délices de cette virginale maternité.

Un jour, elle trouva dans sa crèche un enfant abandonné, parlant à peine, et qu'on allait porter aux Enfants trouvés ; elle voulut l'embrasser comme les autres ; l'enfant, jetant ses petits bras autour de son cou, s'écria :

« Maman, maman. »

Toutes les caresses et tous les efforts des autres sœurs furent impuissants à lui faire quitter la sœur Rosalie.

« Il m'appelle maman, dit-elle, je ne puis plus l'abandonner. »

Il n'alla pas aux Enfants trouvés, et tant qu'elle vécut, la sœur Rosalie fut pour lui une mère.

Plus tard, elle obtint qu'à la crèche on ajoutât l'asile, et c'était plaisir de voir avec elle manœuvrer ses petits bataillons. En peu de temps, sous l'habile direction des sœurs, employées par la ville pour la première fois, à Paris, à cette bonne œuvre, tous les enfants du quartier quittèrent la rue pour l'asile, marchèrent en cadence, s'amusèrent en mesure, firent de l'ordre avec leur agitation et du chant avec leur tapage ; ils ne furent plus exposés à végéter dans les ruisseaux ou à mourir sous la roue d'une voiture.

Quelque temps auparavant, la sœur Rosalie

avait fondé, dans la maison de secours, une nouvelle œuvre dont elle poursuivit avec persévérance le développement, et qu'elle regardait
comme le complément indispensable de toutes
les institutions protectrices de l'enfance et de la
jeunesse.

CHAPITRE VII.

PATRONAGE. — ASILE DES VIEILLARDS.

Depuis longtemps il en coûtait à la sœur Rosalie de voir ses enfants d'adoption lui échapper immédiatement après la première communion. Le lendemain du jour où Dieu couronnait lui-même par sa présence les pieuses leçons de leurs premières années, et prenait possession de ces âmes bien préparées, commençait pour elles la dangereuse émancipation de l'apprentissage. La boutique ou l'atelier remplaçait la classe, et, trop souvent, le travail ou de coupables distractions, la prière. Quelques-unes reparaissaient de temps en temps à la maison de secours, quand la famille était éprouvée par la maladie, le chômage ou la misère ; mais, pour le plus grand nombre, le lien qui les avait unies à leurs saintes institutrices, était brisé. Elles ne les rencontraient plus que dans la rue, où quelquefois leur conscience intimidée n'osait plus les reconnaître. Abandonnées sans protection sur une terre mouvante et inconnue, sans conseils pour les avertir, sans bras pour les empêcher de tomber, beaucoup cédaient aux mauvais conseils du voisinage, se laissaient prendre aux piéges cachés, et rejetaient loin d'elles, comme un vêtement puéril, les pieuses habitudes, les douces et sereines récréations de leur enfance.

Quand la fièvre de la jeunesse était tombée, quand elles étaient fatiguées des joies qui agitent et des plaisirs qui corrompent, elles venaient en pleurant se jeter dans les bras de la sœur Rosalie, et étaient accueillies comme l'enfant prodigue ; mais souvent il était trop tard : la santé, l'honneur perdus ne se retrouvaient pas, le goût du travail revenait à grand'peine, et les années d'égarement pesaient douloureusement sur la vie. On avait souvent conseillé à la sœur de fonder un de ces asiles qui reçoivent les jeunes filles à l'âge de sept à huit ans, les gardent pendant le temps de l'école et de l'apprentissage,

et ne les rendent à la vie commune, qu'à l'âge
où, devenues ouvrières, elles doivent être en état
de se défendre contre le monde et de suffire à
leurs besoins.

La sœur n'avait jamais voulu établir dans sa
maison une institution de ce genre ; la dépense
était à ses yeux la moindre des objections ; elle
redoutait pour les enfants de son faubourg les
douceurs, les facilités et jusqu'aux soins mater-
nels des orphelinats et des providences.

« Les internats, disait-elle souvent, ne con-
viennent pas à un quartier où la vie est si pénible
et si rude. »

Les jeunes filles, entourées de soins dévoués,
objet d'une si pure affection, à qui la vie aurait
été rendue si aimable et si douce, ne pourraient
plus se résoudre aux humbles et fatigants devoirs
qui les attendent dans leurs familles. Les faire
ainsi passer par un régime si opposé à leur avenir,
ce serait entrer dans les plus fâcheuses tendances
du siècle, encourager le mouvement qui entraîne
la jeunesse vers le dédain de la condition originelle, vers la recherche d'une situation supérieure
à celle de leurs parents.

L'école, ouverte à tout le monde, en déve-
loppant l'intelligence universelle, fait monter le
peuple entier dans l'échelle de la civilisation, et

diminue, au profit des mœurs publiques, la rudesse de l'ignorance ; elle élève le niveau général sans déclasser les individus, et maintient chacun à sa place en la rendant meilleure.

Mais les maisons d'éducation populaire, qui détachent quelques privilégiés de la masse commune, les retirent du peuple sans leur donner une position supérieure, éveillent des besoins nouveaux, et ne fournissent pas les moyens d'y satisfaire : elles ne font souvent qu'aggraver à leurs yeux le poids de leur destinée, et leur rendre plus humiliant et plus pénible le sentiment de leur infériorité sociale. L'excellence même de l'éducation dans les internats paraissait à la sœur Rosalie un danger pour les jeunes filles du faubourg Saint-Marceau. Élevées pieusement à l'ombre du sanctuaire, elles n'y respireraient qu'un air pur, n'entendraient que d'édifiantes paroles, n'auraient sous les yeux que des exemples de vertu. Comment, à la sortie d'un milieu si contraire à celui de leurs rues et de leurs maisons, supporteraient-elles l'inconvenance du langage, le sans façon des manières dans cette atmosphère corrompue, dont l'habitude émousse la contagion, mais où tout effarouche la délicatesse, et scandalise la piété ?

La sœur citait de tristes exemples à l'appui de

sa répugnance : plus d'une jeune fille, sortie de ces saintes institutions pour rentrer dans son pauvre quartier, n'avait pas pu se faire aux privations, aux froissements, aux humiliations qui succédaient à tant de bien-être matériel et moral; elle s'était retirée de la maison paternelle comme indigne de la recevoir; elle avait dédaigné sa famille trop mal élevée pour elle, repoussé les devoirs grossiers du ménage comme au-dessous de son aptitude; elle avait demandé au travail solitaire une vie plus élégante et de meilleur ton; son isolement et ses prétentions lui étaient devenus un piége, l'ennui avait conspiré contre son innocence avec les passions, que la délicatesse des sentiments déguise plus qu'elle ne calme ; elle était tombée victime de la supériorité de son éducation et de son ignorance du mal : comme ces fleurs délicates, dont la tige naissante a été trop bien défendue contre la chaleur et le froid, ne peuvent supporter ni la vivacité de la bise, ni l'ardeur du soleil d'été; le moindre souffle les abat, elles se fanent au plus léger rayon de soleil, à l'atteinte de la première gelée, et meurent à cet air libre où s'épanouissent les plantes plus robustes qui ont grandi sous tous les vents et subi toutes les températures.

La sœur Rosalie préférait pour ses enfants, dès

leur début dans la carrière du travail, la condition qui devait être celle de toute leur vie : à la maison le lit dur, le dîner imparfait, la chambre nue, les pénibles, les grossiers devoirs du ménage, et, pour se préparer à l'ouvrage de la journée et s'en reposer, les soins qu'il faut donner, le matin et le soir, au jeune frère et à l'aïeule ; puis l'apprentissage avec les exigences, les caprices de la maîtresse, les taquineries des compagnes, le mouvement et même les dangers du monde, mais d'où l'on sort ouvrière habile et exercée. Seulement elle aurait voulu, au milieu de ces actions si variées, placer le bien à côté du mal, opposer la prière aux paroles malsonnantes, les bons conseils aux mauvais exemples. Elle cherchait depuis longtemps un moyen de ne pas briser violemment les rapports de la jeune fille avec l'Église et la maison des sœurs, et d'étendre à son apprentissage l'influence qui avait protégé son enfance : le patronage des jeunes ouvrières fut la réalisation de sa pensée. Cette œuvre laisse les jeunes filles dans leur atelier et dans leur famille, pendant toute la semaine, ne prend de leur temps que les heures qui n'appartiennent pas au travail, les réunit chez les sœurs le dimanche pour la pratique de leurs devoirs religieux et de joyeuses et innocentes récréations, enfin place les années de leur apprentissage sous la protection et la surveillance de dames chrétiennes. Maintenir la jeune ouvrière dans le milieu où elle est née, accepter en les purifiant les conditions où la Providence l'a placée, et n'intervenir dans sa vie que pour y faire entrer une sainte et salutaire influence, c'était donner satisfaction entière aux vœux de la sœur Rosalie.

Aussi elle accueillit avec empressement le projet du patronage, et voulut l'appliquer immédiatement dans sa maison : elle ne se laissa arrêter par aucune des difficultés qui faisaient hésiter ailleurs.

« L'œuvre est bonne, dit-elle la première fois qu'on lui en parla ; Dieu la fera réussir, et nous commencerons dimanche prochain. »

Pendant la semaine, son admirable activité prépara tout ; elle fit comprendre aux mères que le patronage serait d'un grand secours pour leurs filles, aux maîtresses qu'il développerait l'obéissance, l'amour du travail chez leurs apprenties ; réveilla chez les jeunes filles le doux souvenir des années passées sous son aile, et parvint, à force d'habiles combinaisons, à trouver dans la journée d'une sœur quelques heures à consacrer aux réunions du dimanche. Sa voix puissante, que personne n'entendait en vain, persuada aux dames charitables qu'elles ne pouvaient rien faire de plus utile à leur famille que d'attirer sur elles la bénédiction de Dieu en le visitant lui-même dans ses membres, et en gagnant par le salut d'une âme la santé et le salut de leurs enfants.

Le dimanche suivant, dans le préau et la cour de la rue de l'Épée-de-Bois, un grand nombre de jeunes filles étaient réunies ; elles étaient vêtues avec simplicité et modestie, elles ne portaient ni chapeaux ni rubans ; on leur distribuait des livrets sur lesquels les maîtresses devaient inscrire les notes de la conduite et du travail de la semaine. Des dames zélées prenaient l'adresse de leurs parents et de leurs maîtresses, et leur promettaient une prochaine visite dans leurs ateliers et des récompenses à la fin du trimestre. La sœur Rosalie indiquait aux patronesses le fort et le faible du caractère de chaque apprentie, les dispositions qu'il fallait encourager, les tendances que l'on devait combattre. La séance se terminait par des jeux, des rondes, le chant des cantiques, auquel prenaient part toutes les sœurs. L'œuvre du patronage était fondée.

Cet exemple résolut toutes les difficultés, triompha des hésitations ; ce que l'on avait obtenu dans

le quartier le plus pauvre avec les conditions les
moins favorables, pouvait se réaliser partout ;
l'impulsion, une fois donnée, ne s'est plus arrêtée, et, grâce à l'initiative de la sœur Rosalie,
l'œuvre du patronage voit chaque jour augmenter
le nombre des paroisses où elle est établie, et
celui des jeunes filles qu'elle protége.

Au quartier Saint-Marcel l'œuvre a conservé
ce puissant mouvement qu'elle reçut à son origine ; les apprenties font une active propagande,
elles ramènent à la réunion des compagnes que
l'on croyait perdues, et, à l'âge où tant d'autres
courent imprudemment aux abîmes, près des
lieux de plaisirs où l'honneur est si exposé, où
tant de piéges sont tendus à l'innocence, elles
abritent leur jeunesse dans la maison que leur a
ouverte la sœur Rosalie, et viennent chaque dimanche y puiser des forces et du courage contre
les fatigues et les dangers de la semaine.

Bientôt un complément fut nécessaire. Au moment où les jeunes filles, devenues ouvrières, et
quelquefois maîtresses, échappaient par leur âge
et leur position au patronage, la pensée vint de
réunir dans une association placée sous la protection de Notre-Dame-de-Bon-Conseil, celles qui
avaient été le modèle et l'exemple de leurs compagnes ; on leur demanda de devenir les guides

de plus jeunes, les auxiliaires des dames patronesses, et de remplacer les réunions du dimanche par la visite des pauvres et la pratique de la charité.

La sœur Rosalie fonda dans sa maison la première association du Bon-Conseil ; elle voulut en diriger elle-même les associées, présida à leurs séances, leur donna les familles qu'elles devaient visiter ; elle fut leur maîtresse d'apprentissage dans cet art qu'elle savait si bien, de soulager beaucoup avec très-peu de chose, et de centupler le secours par la manière dont on le donne. A une pareille école, les élèves firent de merveilleux et rapides progrès. La sœur ne pouvait se lasser de vanter leur zèle et leur intelligence ; elle n'était jamais plus heureuse que lorsque les associées du Bon-Conseil venaient lui raconter l'emploi de leur dimanche : l'heure passée auprès d'une malade à écouter le récit de ses peines, à lui faire une pieuse lecture, à l'exhorter à la patience ; le pain laissé sur sa table, le morceau de viande glissé dans la marmite ; ou bien la touchante industrie de deux jeunes blanchisseuses qui, n'ayant ni argent ni loisir, venaient chaque semaine chercher le linge d'une pauvre vieille confiée à leurs soins, et le lui rapportaient à la visite suivante blanchi et raccommodé ; la visite charitable de

la jeune ouvrière prise sur les distractions et le
repos du dimanche, la modeste offrande épargnée
sur le petit gain de la semaine, étaient à ses yeux
la meilleure, la plus féconde des charités, celle
que Notre-Seigneur recevait avec le plus de reconnaissance, qu'il plaçait dans son trésor à côté
du denier de la veuve et de l'aumône du Sama-
ritain. Elle espérait et avait déjà recueilli de ces
œuvres un grand bien, la persévérance de la jeunesse, la moralisation du travail, l'union des
bonnes volontés contre le respect humain ; elle
voyait dans ces associations une pépinière de
maîtresses chrétiennes qui plus tard rendraient
à leurs apprenties la protection qu'elles avaient
elles-mêmes reçue du patronage. C'était pour elle
une grande joie de penser que l'enfant du faubourg Saint-Marceau, autrefois négligée dès sa
naissance, exposée dans sa jeunesse, trouvait
maintenant, entre les mains des sœurs et sans
sortir de leur maison, le secours de la crèche,
de l'asile, de l'école, du patronage, de l'association du Bon-Conseil, et marchait ainsi à travers
la vie, toujours appuyée sur la religion et la
charité.

Au milieu de ses travaux si multipliés, de
ses journées partagées entre tant d'intérêts et
de devoirs, elle avait toujours le temps de s'oc-

cuper des apprenties et des jeunes ouvrières ; son affection les suivait dans l'atelier, dans la famille, s'intéressait à leurs jeux, à leur établissement, à leur mariage ; attentive à la moindre inexactitude, à la moindre infraction du règlement, elle s'était réservé le chapitre des avertissements et des remontrances. Lorsqu'elle venait présider à la réunion, chacune cherchait à lire dans son doux et pénétrant regard l'approbation qui récompensait mieux que tous les éloges, ou le tendre reproche qui rendait si facile le repentir ; une seule de ses paroles a arrêté plus d'une apprentie sur la pente du vice ; son air triste suffisait pour avertir les consciences, pour changer les mauvaises dispositions, et son souvenir, comme un ange gardien, accompagnait partout les jeunes filles pour se mettre entre elles et le mal.

Lorsque, devenue aveugle, elle ne pouvait plus sortir de sa chambre ou du parloir, elle était encore au milieu de ses enfants par la pensée, se faisait rendre compte de leur conduite et de leur travail, appelait près d'elle celles qui avaient besoin d'encouragements ou de réprimandes. A chaque séance du conseil, elle voulait remercier les dames qui lui prêtaient leur concours, et s'entretenait avec elles

des moyens de perfectionner et de développer
l'œuvre; le dimanche qui précéda sa mort, elle
s'occupait encore d'améliorer le règlement.

Une autre forme de la faiblesse humaine attira
sa compassion : la vieillesse était dans son cœur
à côté de l'enfance, avec ce redoublement de
pitié qu'inspirent les maux qui ne peuvent plus
se guérir. Rien ne la touchait plus que la destinée de ces pauvres gens qu'elle avait connus
pleins de santé et d'energie, qu'elle avait vus passer de l'âge de la force et du travail à l'inactivité
languissante de la vieillesse, et qui, tombés sous
le poids du malheur encore plus que des années,
s'avançaient tristement vers la mort. On plaint
avec raison ceux dont un procès, une guerre,
une révolution mettent en jeu la fortune, et qui
attendent d'une lettre ou d'une dépêche le salut
ou la ruine de leur avenir : il n'est pas de sup-
plice plus cruel que les angoisses de l'attente et
les menaces suspendues sur la tête. Le pauvre,
celui surtout à qui la vieillesse ne laisse plus l'espérance d'un sort meilleur, ne sort pas de ces
angoisses. Le matin, il ignore de quoi il vivra le
soir; au commencement de chaque semaine, il
se demande si à la fin il aura une pierre pour reposer sa tête : nourriture, logement, vêtements,
tout dépend du caprice d'un passant, de la bonne

volonté d'un voisin, du succès d'une pétition adressée à un inconnu; à chaque heure, ce n'est pas le plus ou moins de bien-être et de fortune, c'est la vie qui est à la merci du hasard.

La sœur Rosalie aurait voulu arracher le vieillard à ce triste sort, et entourer ses derniers jours de soins et de dignité. Elle frappait pour lui aux portes de tous les hospices; mais la concurrence est grande, les rares entrées se font longtemps attendre, et la mort arrive souvent avant l'admission. A force de protections et de démarches, le vieillard parvient encore à obtenir du bureau de bienfaisance, de la charité publique et privée, quelques habits hors de service et le peu de pain qui suffit à l'empêcher de mourir de faim; mais le loyer est son écueil et son désespoir; il a beau borner son ambition à la plus misérable des cellules, se contenter d'un toit qui n'est pas même un abri, le plus affreux réduit dépasse ses ressources; quelque minime qu'elle soit, la dépense quotidienne va toujours au-dessus des revenus de celui qui ne possède et ne gagne rien; le terme arrive sans épargne pour le payer, et donne le signal de l'expulsion et de l'extrême ruine. Il reste alors pour toute ressource à cet homme, que ses cheveux blancs devraient protéger, le coin de la borne, le corps de garde, ou, ce qui est

pis encore, les infâmes garnis où, pour dix cen-
times par nuit, s'entassent et se confondent tous
les genres d'immoralité, de dépravation et de
misère.

La sœur Rosalie entreprit d'ouvrir, à quelques
vieux ménages un refuge contre une pareille ca-
tastrophe. Lorsque l'asile des petits orphelins fut
transféré à Ménilmontant, elle rassembla dans la
modeste maison de la rue Pascal ce qu'elle appelait sa cour céleste, de braves et honnêtes gens à
qui la force avait manqué avant la bonne volonté,
et leur assura un logement gratuit jusqu'à l'hospice ou la mort.

Logés dans des chambres propres, mais sans
aucune recherche, entourés de leur petit mobilier
et de leurs instruments de travail, ils eurent encore quelque chose à faire pour gagner le vêtement et le pain, et cette nécessité même les défen-
dit contre l'oisiveté et la tentation du cabaret.
Mais la sœur Rosalie leur donna la sécurité ; à la
fin de chaque jour, et après un travail propor-
tionné à leur faiblesse, ils purent s'endormir sans
crainte qu'au réveil un huissier vînt arracher les
derniers lambeaux de leur fortune, mettre à l'en-
can ce que le mont-de-piété avait refusé, et les
jeter eux-mêmes à la porte comme un débris dédaigné et inutile.

Dans son asile, la sœur poursuivait encore un autre but, le plus précieux à ses yeux. Sa pitié pour les vieillards allait au delà de cette vie, elle voulait placer entre leur existence si pénible et si agitée et la mort, une étape où puisse s'arrêter leur âme, pour sortir de l'engourdissement et se préparer au grand réveil. Beaucoup avaient oublié dans leur longue carrière les devoirs et la pratique de la vie chrétienne, plusieurs ne les avaient jamais connus : les nécessités de la vie matérielle n'avaient pas laissé de place aux intérêts, aux préoccupations célestes. Cette retraite, sûre et tranquille, les séparait de la foule et du bruit, les ramenait aux saints enseignements, aux idée pieuses, à la prière. Une charité vigilante guettait la plus légère indisposition pour soigner en même temps le corps et l'âme, et ne laissait jamais arriver la mort sans la sanctifier. Entre ses mains ceux-là mêmes qui avaient le plus mal vécu se rachetaient par une fin édifiante, et l'asile était devenu comme le portique du ciel et le noviciat de l'éternité.

Les dernières années de la sœur Rosalie se sont complu dans son asile des vieillards. La maison de la rue Pascal avait, avec la crèche, sa visite de prédilection. Son cœur se dilatait à la vue de ces refuges ouverts aux deux extrémités de la

vie ; elle promenait dans les salles ceux qui venaient la voir, leur racontait l'histoire de chaque
ménage, et trouvait moyen en passant d'indiquer
quelque bonne action à faire ; puis elle adressait
la parole à chacun de ses hôtes, les saluait par
leurs noms, s'enquérait du travail, de la santé,
des enfants, de toute la famille. Ceux-ci, heureux de sa présence, fiers de son intérêt, recueil-
laient ses paroles avec respect et reconnaissance ;
plusieurs pleuraient d'enthousiasme et d'attendrissement à la vue de leur bienfaitrice, et cher-
chaient à lui témoigner leur admiration ; elle
repoussait les éloges et se dérobait aux compli-
ments ; mais on ne pouvait sortir de cette excursion
charitable sans bénir Dieu et sa servante d'avoir
fait à ces pauvres vieillards un si doux repos.

La dépense de l'asile n'allait pas chaque année
au delà de quelques mille francs ; mais la maison
ressemblait aux pauvres qu'elle recevait, aucun
revenu n'y était attaché, elle dépendait pour son
loyer de la bonne volonté journalière. Celle-ci ne
faisait jamais défaut. A la fin de chaque trimestre, des mains cachées venaient régulièrement
apporter l'argent nécessaire au suivant. Rien cependant dans cette libéralité ne ressemblait à un
engagement ou même à une promesse ; l'incerti-
tude inquiétait la sœur Rosalie.

« Je ne mourrai contente, répétait-elle souvent, que si je puis donner à cette œuvre un caractère solide et durable, et assurer aux pauvres vieillards qu'ils ne seront jamais chassés de leur maison. »

Pendant sa dernière maladie, quoiqu'elle n'en prévit pas la fatale issue, elle parla plus d'une fois de l'asile, des craintes qu'elle avait pour son avenir, de son extrême désir de léguer cet héritage à ses vieux amis. Ce fut la dernière pensée, le dernier vœu qu'elle exprima.

Ce vœu n'a pas été accompli; elle est morte sans avoir pu donner à l'asile des vieillards une existence perpétuelle. Sa maison était aussi pauvre qu'elle, et menaçait de ne pas lui survivre; mais Dieu n'a refusé cette consolation à sa vie que pour l'accorder à sa mort : il a voulu que son nom fît encore des bonnes œuvres au delà du tombeau. Une maison a été achetée pour recevoir à perpétuité les vieillards du douzième arrondissement; les protégés de la sœur Rosalie y ont été installés le 1ᵉʳ octobre 1856; la maison est placée sous l'invocation de sa patronne. Une souscription ouverte entre ses amis a fourni les premiers fonds; le bureau de bienfaisance s'est généreusement chargé de la plus grande partie de la dépense, et a adopté au nombre de ses institutions l'asile de

Sainte-Rosalie ; l'avenir de l'œuvre est assuré ; la charité publique et privée, que la supérieure de la rue de l'Épée-de-Bois a si bien servie, et qui l'a tant regrettée, a élevé ce pieux monument à sa mémoire.

CHAPITRE VIII.

C'était beaucoup pour une pauvre fille de la
Charité d'avoir pu suffire, par son intelligence et
son dévouement, aux devoirs si multipliés que lui
imposaient le bureau de bienfaisance, l'école et
les œuvres du faubourg Saint-Marceau, et d'avoir
préparé à ses malheureux habitants une suite non
interrompue de protection et de secours, du berceau à la tombe, de la crèche à l'asile des vieillards. Ce n'était rien pour la sœur Rosalie ; elle
aimait ses pauvres par-dessus tous les autres, elle
avait voulu leur consacrer son temps, ses forces,
sa vie ; mais l'expansion de sa charité ne put tenir

dans ces limites, il fallut qu'elle débordât au dehors, et que la sœur de la Charité de la rue de l'Épée-de-Bois devînt la sœur de la Charité de tout le monde.

« Une fille de saint Vincent de Paul, disait-elle, est une borne sur laquelle tous ceux qui sont fatigués ont le droit de déposer leur fardeau. »

La vertu même la plus haute s'abandonne quelquefois à une faiblesse qu'elle prend pour le dernier degré de l'abnégation et du dévouement, cette faiblesse c'est l'exclusion : l'Évangile n'en veut pas. Jésus-Christ est mort pour tous les hommes ; pendant sa vie, il les appelait tous à lui, et l'Église, qui permet les préférences suivant le caractère, le goût et les dispositions de chacun, qui admet tant de variétés dans les ordres religieux et les œuvres, ne rejette personne de son affection et de sa sollicitude ; elle repousse l'exclusion comme l'hérésie de la charité. Mais l'homme se prête difficilement à cette divine expansion : incapable de tout embrasser dans son cœur, comme de tout comprendre dans son intelligence, il ne se contente pas de concentrer sur un seul point ses forces et son amour ; ce qu'il ne préfère pas, il l'exclut, et croit devoir à ce qu'il aime la haine et le dédain de tout le reste.

Cet esprit étroit trahit souvent la cause de la

charité, qu'il prétend servir ; il s'élève contre des fondations qui lui sont étrangères, dans la crainte de nuire à la sienne, étouffe, faute d'encouragement, une bonne pensée, arrête dans son essor une institution utile, et, pour ne pas diminuer la fortune de son œuvre, diminue celle des pauvres.

Si quelqu'un avait le droit d'être exclusif, c'était assurément la sœur Rosalie. La part de misère qui lui était confiée était assez grande pour absorber la vie la plus longue et le plus riche trésor ; et cependant, quelle que fût la rue, la paroisse, la nation de celui qui lui demandait service et secours, elle ne lui dit jamais : Je n'ai pas le temps ; elle ne répondit jamais à celui qui lui tendait la main : J'ai mes pauvres. Les individus, les œuvres, les ordres religieux, l'Église, l'État, la société, tout le monde s'adressa à elle, et tout le monde fut accueilli ; elle fut sur la terre la représentation de la Providence, et réalisa, autant qu'il était au pouvoir d'une créature humaine, la promesse de l'Évangile ; car elle a ouvert à quiconque a frappé à sa porte, elle a donné à tous ceux qui lui ont demandé, et sa charité a répondu à toute voix qui l'appelait.

_ A peine fut-elle installée dans le faubourg Saint-Marceau, qu'il se forma entre sa maison et la ville tout entière des rapports, des correspondances, un courant d'affaires dont chacune était une bonne œuvre. Ses pauvres disaient si grand bien d'elle, les premières personnes qui étaient venues du dehors avaient trouvé si bon accueil, tant de lumières et d'appui, que bientôt se répandit dans Paris et même dans toute la France la renommée du bien qu'elle savait faire, et des services qu'elle pouvait rendre. Peu à peu, le monde prit l'habitude d'avoir recours à elle, et de lui envoyer tous ceux à qui il voulait du bien, et qu'il ne savait comment secourir.

A quelque moment du jour qu'on vînt frapper à la porte de sa maison, elle vous recevait d'abord avec politesse, puis, dès les premiers mots, avec affection ; elle avait l'air de n'avoir d'autre affaire que la vôtre, d'autre problème à résoudre que vos embarras ; avec elle aucune position n'était désespérée, aucun mal sans remède, les nœuds les plus embrouillés se dénouaient facilement sous ses doigts. Lui exposait-on une de ces situations difficiles et compliquées qui déconcertent la charité la plus intelligente, elle vous écoutait en silence, ne marquait ni surprise, ni hésitation ; faisant ensuite le partage de tous les besoins et de toutes les misères entre les personnes et les œuvres, elle envoyait cet enfant à la crèche, cet autre à l'école, cette jeune fille en apprentissage, ce ménage à Saint-François-Régis ; elle ouvrait à une vocation naissante la porte du noviciat ou du petit séminaire, recommandait le jeune homme pour un emploi, le vieillard pour un hospice, le soldat mutilé pour une pension, et avait en quelques instants éclairci la situation et résolu le problème. Puis, dans la foule qui attendait son audience, elle avait déjà trouvé des auxiliaires pour toutes les parties de cette nouvelle œuvre, une influence pour appuyer sa recommandation, des patronesses pour les enfants, une bourse pour le séminaire, un secrétaire pour écrire ses lettres, un facteur pour les porter ; car il sortait de son âme comme un rayonnement de charité, comme une émanation de dévouement qui pénétrait tous ceux qui s'approchaient d'elle.

Quelle que fût l'œuvre qu'on offrît à sa charité, elle ne refusait jamais rien.

« Acceptons, disait-elle à ses sœurs, tout ce qui se présente, Dieu nous enverra assez d'argent et assez de moyens, pourvu que nous en fassions bon usage. »

Toutes les fois qu'elle avait secouru ou placé quelqu'un, le soin de son âme venait avec l'intérêt de sa fortune ; elle lui recommandait de revenir, à chaque visite lui parlait de ses devoirs, et trouvait moyen sans indiscrétion, sans importunité, de le maintenir dans ses bonnes habitudes ou de le ramener au bien. Elle exerçait un ascendant qui vous suivait partout, et, quand on lui avait fait une promesse, il était dificile de ne pas la tenir. On lui envoie de Nantes un ouvrier habile qui avait quitté sa famille pour aller chercher fortune à Paris, et pour lequel on redoutait fort les entraînements et les mauvais exemples de la capitale. La sœur Rosalie lui trouve immédiatement un travail bien payé, mais elle y met une condition : chaque semaine l'ouvrier devra lui apporter une portion de son salaire, destinée à nourrir sa famille ; il le lui promet, et tant qu'elle vécut il ne manqua pas une seule fois à sa parole.

Elle était pour les pauvres honteux d'une merveilleuse industrie ; les révolutions, les vicissitudes du commerce lui en amenaient de toutes les nations ; ils n'éprouvaient aucune honte à lui découvrir leurs misères, tant elle semblait leur obligée, toutes les fois qu'elle les priait d'accepter un secours ; souvent même au milieu de la foule qui l'assiégeait, elle en apercevait un qui, la veille, lui avait bien timidement exposé par écrit sa situation, se tenant silencieux dans quelque coin de son parloir, cherchant à s'y faire oublier, et n'osant solliciter une réponse.

« Monsieur, lui disait-elle, voici pour quelqu'un qui est bien près de chez vous. Nos pauvres sœurs sont si fatiguées qu'elles ne pourraient y aller aujourd'hui, et je désire que cet envoi arrive bien vite à son adresse : vous venez à propos pour me rendre ce petit service. »

Et elle plaçait un paquet sous le bras du visiteur. Celui-ci, empressé de répondre à l'impatience de la sœur, partait immédiatement. Une fois dans la rue, il jetait les yeux sur l'adresse, c'était la sienne : sous cette forme délicate, il présentait lui-même à sa famille le secours qu'il n'aurait pas osé demander.

D'autres fois la sœur Rosalie n'attendait pas les lettres et les confidences, elle allait au-devant des malheureux qui se cachaient ; les secours pénétraient, sans avoir été demandés, dans les quartiers les plus éloignés du sien. Des familles honorables, victimes d'un changement de gouvernement, et rougissant d'avouer leur détresse, après avoir épuisé ce qui leur restait de leur ancienne fortune, étaient sur le point de mourir de froid et de faim, au fond d'un grenier, lorsqu'un paquet, une lettre remise par une main inconnue, les rappelait à la vie et à l'espérance ; elles remerciaient Dieu d'avoir entendu leur dernière prière, et se demandaient quel ange avait été sur la terre chargé de les exaucer. Un voisin avait entendu leurs gémissements, surpris leur terrible secret ; il était allé raconter sa découverte à la sœur Rosalie. Un jour, le secours était si peu attendu, que, malgré l'extrême besoin et l'exactitude de l'adresse, les pauvres gens qui le reçurent ne voulurent pas y toucher, dans la persuasion qu'il était destiné à un autre ; en vain la dame qui l'avait apporté leur affirma qu'elle venait de la part de la sœur Rosalie, et qu'elle ne se trompait ni de maison, ni de personnes ; étrangers, cachés dans une petite rue, bien loin du faubourg Saint-Marceau, ne connaissant personne, n'ayant jamais parlé de leur misère, ils n'avaient pas entendu prononcer le nom de la sœur Rosalie, ils ne pouvaient croire que sa charité les eût devinés ; elle fut obligée de venir elle-même les assurer que son secours s'adressait bien à leur détresse.

La jeunesse avait un droit particulier à sa prédilection, surtout quand elle se présentait à elle pauvre et courageuse ; elle s'intéressait vivement à la destinée de ces jeunes gens arrivés à Paris pleins d'illusions et d'espérances, n'y apportant le plus souvent qu'une ou deux lettres de recom-

mandation avec le souvenir d'une pieuse mère,
et voyant au premier pas se fermer devant leur
obscurité et leur inexpérience ces belles carrières
dont ils avaient rêvé l'entrée facile. On lui en
adressait un grand nombre ; dès qu'elle apercevait en eux un germe de bien, son intérêt devenait une véritable adoption, elle leur cherchait
elle-même un logement, une table à bon marché, ménageait leur bourse légère, facilitait leurs
études, payait les frais de leurs examens, puis
parvenait à les faire entrer dans quelque administration, et fournissait elle-même le cautionne-
ment qu'ils n'auraient pu donner. Pour ceux-là
sa vigilance, sa générosité ne s'endormaient jamais ; elle avait pour leur bien-être les attentions
les plus délicates : l'un d'eux que sa charité envers le prochain, puisée auprès de la sœur Rosalie, conduisit à l'amour de Dieu, et qui passa de
la rue de l'Épée-de-Bois dans une communauté,
était d'une santé faible et d'une grande austérité ; la sœur fit promettre à un autre de ses amis
d'aller voir chaque matin s'il avait du feu, dans
la crainte que son esprit de mortification ne lui
fît oublier l'hiver. Un autre, parti de son pays
après s'être assuré contre la chance du tirage à
la conscription, se croyait libre de tout service
militaire, lorsque, par suite de l'infidélité de son

remplaçant, il est arrêté à Paris comme réfractaire, et conduit à la prison par les gendarmes. La sœur Rosalie l'apprend, court au ministère de la guerre, obtient du ministre son élargissement et un congé de deux mois, qui permet de régulariser sa position. C'est à cette occasion qu'encore tout émue des démarches, qu'elle venait de faire, et sachant que le travail de ce jeune homme était indispensable à sa famille, elle s'écriait :

« J'aurais donné ma vie pour qu'il ne partît pas. »

Un autre déjà engagé dans un commerce considérable et qu'elle n'avait jamais perdu de vue, avait été retenu, plus longtemps qu'il ne pensait, dans un long voyage ; une lettre de change d'une somme considérable est présentée à sa maison pendant son absence ; il n'avait envoyé aucun argent pour l'acquitter. Sa femme, après avoir frappé inutilement à beaucoup de portes, va trouver en pleurs la sœur Rosalie, lui conte son embarras ; la sœur paie immédiatement de ses propres deniers la lettre de change.

Mais sa bonté ne dégénérait pas en faiblesse, et son affection savait, quand il le fallait, s'armer d'une autorité à laquelle on ne résistait pas. Un jeune homme qu'elle avait beaucoup protégé avait mal répondu à ses soins ; la sœur lui annonce qu'à sa première faute il quittera Paris. Elle apprend qu'il recommence, elle le fait venir.

« Monsieur, lui dit-elle, vous avez un emploi à Constantinople, votre place est payée, voici votre passe-port ; allez faire votre malle, vous partirez ce soir. »

En vain il promet, il supplie, il demande au moins quelques jours pour arranger ses affaires, écrire à ses parents ; elle avait tout prévu, elle fut inflexible, et le soir même, ce jeune homme, sur lequel elle n'avait d'autre droit que l'ascendant de son caractère, partait pour Constantinople sans avoir seulement la pensée de lui désobéir.

Beaucoup lui ont dû leur entrée au séminaire et la possibilité de poursuivre leurs études théologiques. Elle était d'une grande prudence quand il s'agissait de vocation religieuse, elle ne connaissait rien au-dessus du saint ministère, et répétait sans cesse que si les religieuses comprenaient bien la sainteté de leur profession, elles se lèveraient dix fois par nuit pour en rendre grâces à Dieu ; aussi ne voulait-elle sur ce point ni légèreté ni précipitation. Elle se défiait des exaltations qui se mettent au-dessus de toutes les remontrances et n'écoutent aucun conseil, de ces impétuosités qui appellent au secours de la vocation la désobéissance et la lutte contre les parents.

Une jeune fille, héritière d'une grande fortune, vint un jour la consulter ; elle était décidée à quitter le monde et à se faire religieuse. Un seul obstacle l'arrêtait, sa famille opposait à son projet la plus énergique résistance : pour en triompher, elle avait la pensée de fuir la maison paternelle et de se réfugier dans un couvent.

« Mademoiselle, lui dit la sœur Rosalie, permettez-moi de vous détourner, autant qu'il est en moi, du projet sur lequel vous me consultez. Que voulez-vous faire ? vous sacrifier à Dieu ? Eh bien, ce n'est pas à vous de choisir le genre de sacrifice. Sacrifiez-vous en vous soumettant à une volonté que, dans ses écarts mêmes, votre premier devoir est de respecter. »

Mais, dès qu'elle avait reconnu l'appel de la Providence, elle ne négligeait rien pour donner à l'Église un serviteur ou une servante digne d'elle. Les supérieurs des séminaires et des ordres religieux s'en rapportaient à son jugement, recevaient de sa main les novices, et rarement une bourse était refusée aux enfants qu'elle présentait.

Pour maintenir la jeunesse dans le bien, elle avait une méthode plus sûre encore que les services et les recommandations : elle enseignait à ses protégés à exercer la miséricorde envers leurs frères, et les sauvait en chargeant leur conscience du salut des autres.

Elle avait mis la charité à la portée de toutes les positions et de toutes les fortunes ; elle demandait à chacun ce qu'il faisait le mieux, ce qui lui coûtait le moins : à l'un sa plume, à l'autre son activité, à celui-ci sa science, à celui-là sa parole, à tous quelques instants pour aller distribuer des secours, apprendre auprès des pauvres comment on supporte la mauvaise fortune, comment on use bien de la bonne, et trouver dans leurs visites l'explication du mystère que Dieu a caché dans l'inégalité des souffrances et des conditions humaines. Quelques-uns, employés pendant la semaine, ne pouvaient venir que le dimanche ; elle ne les tenait pas quittes d'une bonne œuvre.

« Vous avez entendu la messe ce matin, leur disait-elle ; eh bien, renoncez aux vêpres, mettez-vous là, prenez une plume, et servez Dieu d'une autre façon. »

Et elle leur dictait l'arriéré de sa longue correspondance ; puis, enseignant à ses élèves ce qu'elle savait si admirablement pratiquer, elle éclairait de son expérience leurs premiers pas dans la carrière du bien ; elle leur recommandait la patience, qui ne croit jamais perdu le temps passé à écouter le pauvre, puisque celui-ci trouve déjà une consolation dans la bonne volonté qu'on met à entendre le récit de ses peines ; l'indulgence, plus portée à plaindre qu'à condamner les fautes qu'une bonne éducation n'a pas prévenues ; et enfin la politesse, si douce à celui qui n'a jamais rencontré que des dédains et des mépris.

« Oh ! mes chers enfants, leur répétait-elle souvent, aimez les pauvres, ne les accusez pas trop. — C'est leur faute, dit le monde : ils sont lâches, ils sont inintelligents, ils sont vicieux, ils sont paresseux. — C'est avec de telles paroles qu'on se dispense du devoir si strict de la charité. Haïssez le péché, mais aimez les pauvres. Si nous avions passé par les épreuves de ces pauvres gens, si notre enfance avait grandi comme la leur, loin de toute inspiration chrétienne, nous serions loin de les valoir ; car les vertus qui nous sont si faciles coûtent à leur indigence de lourds et perpétuels sacrifices, et pour ne pas mal faire, ils ne sont pas seulement obligés de résister à l'attrait du plaisir, mais à la tyrannie du besoin. Dieu nous rendra responsables de ces fautes que nous reprochons si sévèrement aux pauvres, de leur envie, de leurs mauvaises dispositions contre la société. Il dépend de vous de leur faire bénir vos priviléges et aimer votre supériorité : qu'ils vous trouvent plus affectueux, plus serviables, à mesure que vous êtes plus intelligents et plus riches. Ils vous tiendront compte du chemin que vous aurez parcouru pour vous approcher d'eux, et trouveront un motif de reconnaissance, et non d'hostilité, dans la distance qui vous sépare. Souvenez-vous, ajoutait-elle, que le pauvre est encore plus sensible aux bons procédés qu'aux secours. Un des plus grands moyens d'action sur lui est la considération qu'on lui témoigne ; lors même que vous avez quelque reproche grave à lui faire, évitez avec grand soin toute parole injurieuse et méprisante. »

Le mépris, en effet, dont on est si souvent prodigue, est le sentiment le plus opposé à l'esprit chrétien ; car il semble nier le plus beau privilége que Dieu ait donné à l'âme humaine, puisque l'innocence n'est pas de ce monde, le pouvoir de se relever et de réparer sa faute. Le mépris, quand il ne provoque pas une haine implacable, justifie aux yeux de celui qui l'accepte sa propre dégradation ; il renonce à des efforts dont les autres le jugent incapable, et ne songe plus à se refuser au mal qu'on lui impute.

Dans la pauvreté, où tout est tentation et épreuves, l'âme a plus besoin que partout ailleurs d'être soutenue par le souvenir de son origine, les perspectives de son avenir et le sentiment de sa dignité ; quand elle est sans cesse courbée vers la terre par les nécessités physiques et les impérieuses lois de la vie animale, l'estime des autres doit lui rappeler à toute heure que, malgré l'humilité de sa fortune, elle vient de Dieu et doit aller à Dieu ; que les fautes les plus graves ne peuvent éteindre la lumière qui éclaire tout homme venant en ce monde, et qu'au fond des cœurs les plus dépravés il y a encore quelque chose digne de respect, la faculté de revenir au bien, le droit d'effacer la plus horrible tache par une larme de repentir. Le pauvre est très-sensible à la confiance, à l'estime qu'on lui témoigne, et il croit à la sincérité des éloges parce qu'il n'a pas l'habitude d'être flatté ; une parole d'intérêt le gagne, un mot d'encouragement le transporte ; il est capable des plus généreux efforts pour mériter la bonne opinion qu'on lui témoigne, et, quand on lui dit qu'on attend de lui une grande chose, il la fait.

La sœur Rosalie voulait qu'à l'expansion de la charité, toujours prête à se donner, s'associât la prudence, qui en tempère l'ardeur et en règle l'exercice ; elle craignait les erreurs, dont la découverte refroidit le zèle et fournit un prétexte à l'égoïsme, et cherchait à prémunir ses élèves contre l'ostentation, l'exagération de la misère, et toutes ces formules de désespoir qui réussissent presque toujours la première fois, et se renouvellent trop souvent pour être sincères. Il y a des gens qui demandent secours le pistolet à la main ; ils vous menacent, non de vous tuer, mais de se tuer eux-mèmes, et arrachent l'aumône bien moins à la pitié qu'à la peur d'être complice d'un suicide.

« Quant à ceux qui parlent si facilement de se suicider, je ne les crois pas, disait-elle ; s'ils voulaient le faire, ils en parleraient moins. »

Elle exigeait surtout une extrème circonspection, une grande délicatesse dans l'action religieuse que l'on devait exercer sur les pauvres, de peur que le désir trop vif de ramener au bien ne provoquât l'hypocrisie, et que le secours ne devînt l'appât ou le salaire d'une conversion menteuse. Elle réprimait aussi le zèle trop vif de ceux qui oubliaient devant leurs pauvres ce qu'ils devaient à leurs ouvriers et à leurs fournisseurs.

« Il faut, disait-elle, payer ses dettes avant de faire l'aumône, et être juste avant de se montrer libéral.

La jeunesse ardente et pieuse écoutait avec avidité ses enseignements, se répandait à sa voix dans tout le quartier, et y portait, avec le secours, comme un écho de sa pensée. En se présentant au nom de la sœur Rosalie, les visiteurs voyaient les fronts s'épanouir, ils passaient de douces heures à parler avec les pauvres de celle qui les avait envoyés, et revenaient toujours de leurs courses pénétrés d'une plus grande compassion pour les malheureux, d'une plus grande admiration pour la sœur. Quelquefois on voyait réunis dans son cabinet des jeunes gens appartenant à toutes les écoles, et aspirant à toutes les carrières, étudiants en droit et en médecine, élèves de l'école Normale et de l'école Polytechnique, chacun venant chercher une bonne œuvre ou en rendre compte.

« Je les ai tous réunis, s'écriait-elle avec joie, pour le service de Dieu; ils ont tous travaillé pour sa gloire : quelle bonne journée pour eux? »

Elle obtenait des pauvres eux-mêmes quelques bonnes œuvres, et c'était son moyen le plus efficace pour les améliorer. Un renseignement à chercher, une course à faire, un malade à veiller, un enfant à conduire : tous ces petits services à la portée de leur misère les comblaient de joie;

ils étaient fiers de la mission qui leur était confiée, et se sentaient plus reconnaissants encore du bien qu'il leur était permis de faire que de celui qu'ils avaient reçu. Mais la sœur Rosalie appliquait surtout sa méthode aux riches qui venaient si souvent lui demander la charité. Beaucoup de ceux qui arrivaient chez elle des quartiers lointains et élégants avec tout l'appareil du luxe, ne lui étaient pas amenés par le désir de soulager les souffrances des autres : ils portaient au fond de leur cœur une plaie cachée, et avaient besoin qu'une main délicate versât un peu d'huile et de baume sur leurs blessures. Souvent aussi, venus pour solliciter la supérieure de la rue de l'Épée-de-Bois en faveur d'infortunes étrangères, des hommes que leur position semblait mettre bien au-dessus de la pitié cédaient à la confiance qu'elle leur inspirait, et lui révélaient le secret de leurs propres misères.

Quelle que soit, en effet, l'apparence du bien-être et des joies de ce monde, aucune vie un peu longue ne s'est passée sur la terre sans blessure et sans douleur ; il n'est pas de fortune qui mette à l'abri des détresses morales, il n'est pas de bonheur qui n'ait un jour besoin de consolation. D'ailleurs, à défaut de malheurs réels, il y a la faim des âmes rassasiées, la fatigue qu'entraîne l'inaction ; il y a l'ennui qui vient sans cesse rappeler aux heureux de ce monde le vide des jouissances humaines, et fait amèrement sentir à ceux qui n'ont rien à désirer le dégoût et l'inutilité de leur existence. La sœur Rosalie avait compassion des souffrances de ceux qu'on envie.

« Mes sœurs, disait-elle souvent après de longs entretiens, si l'on connaissait la misère de cœur des gens riches, on en aurait grande pitié. »

A l'aveu de ces maladies morales elle n'opposait ni l'impuissance du raisonnement, ni les banalités de la sagesse humaine ; mais elle choisissait parmi ses pauvres quelques-unes de ces familles que Dieu a affligées de toutes les calamités, dont il a fait comme le sanctuaire de la souffrance, et elle conduisait à leur porte le malheur ou l'ennui.

A la vue de ces extrémités, et souvent de la résignation qui les supportait, le visiteur oubliait sa tristesse, il n'avait plus le courage de s'apitoyer sur son propre sort, sa compassion avait changé d'objet, il sortait l'âme remplie d'une autre douleur que la sienne. En faisant lui-même l'expérience de la consolation qu'apportent au milieu du plus affreux désespoir une parole affectueuse, un léger secours, un serrement de main, l'homme blasé ne demandait plus ce qu'il pourrait faire de

son loisir et de son argent ; sans qu'il s'en doutât,
la destinée de ces pauvres gens se mêlait à la
sienne ; il voulait aller plus avant dans leurs besoins, multipliait, pour les sauver, les combinaisons, les démarches ; il avait retrouvé une
occupation à ses journées, un intérêt à sa vie ;
il devait à ses pauvres plus qu'il ne leur avait
donné.

De grands personnages se sont ainsi consolés
des rigueurs de la politique et des déplacements
qu'entraînent les révolutions. Rien n'apaise plus
les agitations de l'esprit de parti et les regrets de
l'ambition déçue que de mêler un peu sa vie à
celle des pauvres. Vu du faubourg Saint-Marceau,
le monde prend une autre figure, les intérêts ne
sont pas les mêmes, l'importance des choses se
classe autrement. Il y a de grandes émotions, de
grands enseignements moraux dans la familiarité
avec la misère ; on y trouve aussi d'utiles leçons
politiques ; plus d'un homme d'État se serait
épargné de grands mécomptes s'il avait quelquefois regardé la société d'une lucarne de la rue
Mouffetard ou de la petite fenêtre de la rue de
l'Épée-de-Bois.

Plusieurs prélats déjà illustres et qui occupent
les premiers rangs dans l'Église de France, ont
parcouru, jeunes hommes, le faubourg Saint-

Marceau sous la direction de la sœur Rosalie, ont appris d'elle le secret de leur vocation, et se sont initiés, en veillant sur quelques familles, au gouvernement d'un diocèse. L'un d'eux, qui vient d'aller recevoir la récompense d'une charité dont, sur la terre, il a été victime, Mgr Dupuch, annonçait déjà cet amour des pauvres auquel il devait sacrifier tout, jusqu'au trône épiscopal de saint Augustin. La sœur Rosalie lui reprochait déjà de ne pas savoir compter.

« S'il devient évêque, disait-elle en riant, il y dépensera sa crosse et sa mitre. »

Un jour elle reçut un mot de lui, la suppliant de lui envoyer de quoi se vêtir ; le matin même, surpris dans son lit par un pauvre dont les haillons couvraient mal la nudité, il n'avait pu lui refuser son habit et son pantalon, les seules choses qu'il n'eût pas données dans les visites de la veille.

L'obligeance et l'activité de la sœur Rosalie répondaient à toutes les formes du bien, et celui qui aurait suivi les incidents d'une de ses journées, écouté les détails de son énorme correspondance, aurait découvert des variétés inconnues de travaux et de services : elle arrivait à des résultats qui paraissaient impossibles. Un jour, une jeune personne s'échappe d'une ville lointaine ; on la

soupçonne d'avoir été se cacher à Paris sous un
nom supposé et sous une détestable influence ; on
écrit, on la réclame, la police y perd ses recherches et ne peut découvrir la moindre trace de
ses pas ; un ecclésiastique, consulté par la famille
au désespoir, lui dit :

« Il n'y a que la sœur Rosalie qui puisse vous
rendre votre fille. »

Et, en effet, après quelques jours, la fugitive
est retrouvée ; la sœur la fait venir, lui parle avec
cette autorité qui triomphe des plus mauvais instincts. A la fin de la conférence, la coupable demande elle-même à aller dans une sévère retraite
expier sa faute. La sœur Rosalie l'y conduit,
veille sur elle, encourage sa bonne volonté, soutient son repentir, et bientôt la renvoie à sa mère,
réconciliée avec Dieu et la vertu. Elle ne s'arrêta
pas en si bon chemin. Furieux de se voir enlever
sa victime, l'auteur de tout le mal arrive rue de
l'Épée-de-Bois, l'injure et la menace à la bouche ;
la sœur fait tomber sa fureur d'un mot et d'un
regard, et lui représente ses torts avec une telle
force, une si grande majesté, que la honte suc-
cède à la colère ; le malheureux se trouble, baisse
la tête sous la puissance de cette parole inspirée,
reconnaît son crime, et supplie la sœur de l'aider à
le réparer.

En un moment, en une seule visite, elle gagne
la confiance d'un vieillard malade qui, livré à un
funeste ascendant, avait éloigné sa famille et résisté aux plus pressantes représentations; revenu
aux sentiments de ses devoirs et de la justice, il
la charge de remettre à son légitime héritier des
sommes considérables qu'il tenait cachées aux
yeux de tous pour les léguer à d'indignes mains.
Elle corrige si bien un homme riche de sa tendance à l'avarice, que chaque semaine elle reçoit
de lui une large aumône pour les pauvres, et, un
jour, en obtient le salut de toute une famille. Un
charretier venait de perdre le cheval qui compo-
sait toute sa fortune; sa femme, ancienne élève
de la sœur Rosalie, vient tout en pleurs lui raconter le désastre, l'impossibilité de le réparer, et le
désespoir du pauvre homme, qui, la tête égarée,
maudissait la Providence et parlait d'aller se jeter
à l'eau. La sœur court chez l'homme qu'elle avait
rendu charitable, lui expose le malheur arrivé à
cette famille laborieuse, et fait si bien, qu'à la
place du cheval perdu, elle en gagne un plus
beau et meilleur; elle voulut l'accompagner
jusqu'à l'écurie du pauvre charretier. Jamais
elle n'avait marché si vite et n'avait été plus
heureuse.

Son art était merveilleux pour obtenir de cha-

cun une bonne œuvre de la manière qui lui était
le plus agréable. Une dame étrangère, riche,
pieuse, et qui l'aimait beaucoup, avait pour cer-
taines fleurs une prédilection marquée ; la sœur
en fit profiter un jardinier de son voisinage,
menacé de manquer de pain par l'interruption de
son commerce : elle lui commande un immense
bouquet, en indique la composition, et lui donne
rendez-vous à l'heure où elle attendait la dame
étrangère. A l'arrivée de celle-ci :

« Voici, lui dit-elle, un brave homme qui
veut vous présenter un bouquet de son jardin ;
je lui ai promis qu'il serait accueilli avec bonté. »

A la vue des fleurs qu'elle aime, la dame se
récrie sur la beauté du bouquet, félicite le jardinier de son bon goût, de l'heureux choix de ses
fleurs, et lui remet en échange une somme suffi-
sante pour nourrir quelque temps sa famille.

Une autre fois, comme une jeune personne venue avec sa mère s'extasiait sur la beauté d'un
petit enfant nouveau-né :

« La Providence vous le présente elle-même,
lui dit-elle, pour que vous en soyez la mar-
raine. »

La jeune fille hésitait devant la responsabilité
de l'engagement.

« Ne craignez rien, Mademoiselle, reprit la

sœur, Dieu ne vous en parlera jamais que pour vous en remercier. »

Les hommes qui, par leurs doctrines, paraissaient les plus opposés aux idées, aux croyances de la sœur Rosalie, se laissaient gagner par son influence ; les plus sceptiques sentaient tomber leur défiance devant cette vie si pure : quand ils avaient vu la sœur Rosalie, ils ne pensaient plus à nier la vertu, et commençaient à croire en elle pour arriver à la croyance du Dieu qui l'inspirait ; ceux-là mêmes qui ne parvenaient pas à la foi, se faisaient les ardents disciples de sa charité. Dès qu'elle reconnaissait en eux un esprit droit et élevé, un amour sincère du bien, elle acceptait leur amitié, les associait à ses œuvres, et réussissait souvent à ramener le calme et l'espérance dans des âmes fatiguées de leurs doutes et dégoûtées de leurs systèmes. Les caractères les plus indépendants, les plus rebelles à la confiance, obéissaient à son autorité : quand il fallait obtenir d'eux ce qu'ils avaient refusé à toutes les instances, on allait chercher la sœur Rosalie, qui n'était jamais repoussée.

« Leuret était mourant, longtemps il résista
« aux prières qu'on lui adressait de laisser venir
« sa famille, à laquelle il voulait dérober la
« vue de ses souffrances ; il n'accorda enfin cette

« grâce qu'à la demande de la sœur Rosalie,
« qui, l'ayant vu à l'œuvre dans le choléra de
« 1832, lui avait voué l'estime la plus haute.
« Quant à lui, le sentiment dont la charité infinie
« et les vertus éminentes de la sœur Rosalie
« avaient pénétré son âme était un véritable
« culte ; il n'honorait personne autant que cette
« mère des pauvres, qui ne connaît d'autres
« titres à la compassion et au secours que la fai-
« blesse, la douleur et la faim et qui laisse à
« Dieu le soin de juger le reste ; dans son amer-
« tume et dans sa faiblesse, il n'avait jamais
« trouvé de consolation puissante et de force que
« près de cette fille de saint Vincent de Paul,
« dont la foi est assez profonde et assez sûre
« d'elle-même pour n'avoir pas besoin d'éprou-
« ver celle des autres ni d'en douter. C'étaient
« ces ménagements et cette tolérance infinie qui
« avaient attiré, sans la convertir, une âme peu
« facile et quelquefois rebelle... Le nom de cette
« digne sœur est un des derniers que pronon-
« cèrent avec vénération les lèvres de celui qui
« n'avait jamais prodigué l'éloge (1). »

(1) *Notice sur François Leuret*, médecin en chef à
l'hospice de Bicêtre, par Ulysse Trélat, médecin en chef
à l'hospice de la Salpêtrière.

Son ascendant s’exerça un jour dans une circonstance où il y allait de la vie d’un homme, et où il fallait fléchir une autorité qui ne la connaissait pas. En 1814, pendant l’occupation étrangère, une troupe russe occupait le marché aux chevaux ; le bruit se répand dans le quartier que pour une faute grave contre la discipline un soldat a été condamné à mort, et que la sentence va être exécutée. Ce bruit parvient aux oreilles de la sœur Rosalie ; elle prend avec elle une vieille femme, traverse le camp russe, et demande à parler au général. Introduite à l’instant, elle se jette à ses pieds, et le supplie de faire grâce à cet homme.

« Vous le connaissez donc, et vous l’aimez donc bien ? s’écria l’officier, en voyant l’ardeur de sa prière.

— Oui, je l’aime, répondit la sœur ; je l’aime comme un de mes frères racheté par le sang de notre Seigneur Jésus-Christ, et je suis prête à donner ma vie pour sauver la sienne. »

La grâce du condamné fut accordée à ses charitables instances, et la sœur retourna bien vite à la maison de secours, tout étonnée de ce qu’elle venait de faire, et comme effrayée de son audace.

Souvent des personnes du monde venaient

chez la sœur Rosalie, non pour lui demander ou
lui apporter un secours, mais pour l'affaire la
moins importante, le plus insignifiant des rensei-
gnements, et, gagnées par le charme de sa conversation, s'oubliaient à causer avec elle. En les
voyant demeurer si longtemps pour de si faibles
résultats, on était tenté de blâmer la sœur de son
extrême condescendance, et d'accuser les élé-
gantes visiteuses de dérober inutilement aux
pauvres son temps et son attention; mais cet entretien n'était pas perdu; la visite n'avait pas été
stérile; ce qu'elle avait vu, ce qu'elle avait entendu de la misère avait éveillé dans le cœur de la
jeune femme des idées nouvelles, des scrupules
qu'elle ne soupçonnait pas. Elle revenait à la maison avec une certaine inquiétude sur la légitimité
de ses dépenses, avec un trouble dans la conscience sur l'emploi de sa fortune; elle avait
appris dans la rue de l'Épée-de-Bois combien l'argent d'un de ses caprices aurait pu apaiser de
souffrances, combien de familles, au prix d'une
coûteuse inutilité, auraient échappé aux angoisses
de la misère et de la faim; elle avait entrevu
quel compte Dieu lui demanderait un jour, à elle,
fille du christianisme, élève de l'Évangile, de ces
recherches de table, de ce luxe d'un seul dîner,
qui aurait nourri pendant plusieurs mois des mé-

nages entiers, de cette magnificence de toilette, étalée dans un seul bal, qui aurait vêtu pendant un hiver toute une population. A l'avenir, elle faisait dans sa bourse la part des pauvres plus large, et quand on lui demandait son concours ou son argent pour une des bonnes œuvres qui vivent de la bonne volonté de tous, et qui demandent à chacun un si léger sacrifice, elle ne gémissait plus sur leur grand nombre et leur importunité.

CHAPITRE IX.

ŒUVRES ET CONGRÉGATIONS.

La sœur Rosalie agissait avec les œuvres comme avec les personnes ; celles qu'elle dirigeait dans son quartier, ne l'empêchèrent jamais de prêter son concours à toutes les autres. Le monde est plein d'esprits trop clairvoyants, qui dans le gouvernement des choses humaines représentent la négation ; dans tout ce qui est nouveau, ils ne voient que l'obstacle, ne sont frappés que de l'objection, et prennent toujours la difficulté pour l'impossible. A les entendre, l'immobilité serait la loi de ce monde, et on ne tenterait rien par la peur de ne pas réussir.

La charité a aussi ses amis timides et ses partisans inactifs. Comme depuis quelques années elle a été entreprenante et a créé beaucoup d'œuvres, comme elle va toujours en les multipliant, leur prudence s'effraie de cette fécondité ; ils voient dans chaque œuvre nouvelle la ruine des anciennes, et, pour lui épargner une chute, ils voudraient couper les ailes de la charité.

La sœur Rosalie n'avait dans l'esprit ni témérité, ni tendance aux aventures ; elle ne courait jamais à la lueur vacillante de l'imagination, et dans tous ses jugements la raison était sa loi ; mais aucun esprit n'était moins négatif. Sa sagesse était active, sa merveilleuse intelligence apercevait du premier coup d'œil les difficultés des choses, non pour s'y soumettre, mais pour en triompher. Elle rejetait absolument les projets sans portée, sans utilité réelle, qui viennent de la vanité, du désir du bruit, ou de l'agitation d'un esprit malade, et qui sont obligés pour vivre d'appeler à leur secours le bal ou la comédie.

« Je n'aime pas, disait-elle, qu'on force le diable à faire l'aumône à Dieu. »

Mais ses conseils et son influence étaient toujours au service des institutions dont la pensée était pure et le but vraiment charitable, et l'on retrouve sa main et son génie à l'origine des principales œuvres de notre temps.

Elle encourageait ceux qui s'occupaient de les fonder, les remerciait de leur peine, et les engageait à ne jamais se laisser arrêter par les contrariétés, inséparables de tout commencement.

« Faites le bien, et laissez dire, » répétait-elle.

Souvent même l'idée de l'œuvre venait d'elle. Lorsqu'elle avait besoin d'ouvriers pour la réaliser, elle avait un tact admirable pour découvrir les plus capables, et donner à chacun la part qui lui convenait le mieux dans la fondation du nouvel édifice. Elle savait tirer trop bon parti de la moindre aptitude, du plus petit dévouement, pour ne pas approuver le système de l'association, qui demande à chacun le peu qu'il lui est possible de donner, et lui ouvre en échange un vaste et riche trésor. Elle applaudissait à toutes les utiles et sages applications de ce principe.

A ses yeux il ne fallait rien moins que toutes les forces de la charité publique et privée pour lutter contre l'invasion du paupérisme : le concours de l'Église, de l'État, des associations, des particuliers, lui paraissait indispensable contre un si terrible ennemi. Elle ne comprenait pas sur ce terrain les rivalités, les oppositions, les jalousies, et la peur de voir les secours de l'aumône se tarir par la multiplication des œuvres. La charité est comme Dieu : plus on lui demande, plus elle donne ; partout où se fonde une œuvre vraiment utile, se découvrent pour la soutenir des moyens inespérés, des ressources inattendues ; partout où la charité sème un grain de sénevé, sort immédiatement un grand arbre.

Quant au reproche adressé quelquefois aux associations charitables, de prendre la place du clergé et de substituer auprès des pauvres le simple fidèle à son pasteur, la sœur Rosalie le comprenait moins encore. L'Église, qui prêche à tous l'amour des pauvres, ne peut s'effrayer du succès de sa prédication, et craindre de rencontrer ses enfants auprès des malades, des orphelins, des vieillards, lorsqu'elle leur enseigne tous les jours que le ciel appartient à ceux qui visitent les malades, les vieillards et les orphelins. La sœur conseillait à tous les jeunes gens de s'associer à quelques-unes de ces œuvres ; elle était heureuse de voir entrer de plus en plus dans les habitudes de la vie catholique une des plus instantes recommandations de l'Évangile.

Elle concourut puissamment, en 1826, à la création et au développement de la société de Saint-François-Régis, et lui donna l'hospitalité dans sa maison. Elle était l'amie de M. Gossin,

son pieux fondateur, et l'avait fort encouragé ;
aucune œuvre ne lui semblait répondre mieux
aux misères et aux égarements du temps présent. Elle en éprouvait sans cesse l'heureuse influence, et se plaisait à rappeler combien cette
œuvre avait rendu de familles à l'État et à l'Église,
purifié de naissances et répandu de bénédictions
sur son quartier, en remplaçant, dans un si grand
nombre de maisons, l'immoralité du désordre
par l'autorité de la loi et la sainteté du sacrement.

En 1840, les fondateurs de l'œuvre des pauvres
malades vinrent lui apporter la première pensée
de cette résurrection d'une des créations de saint
Vincent de Paul ; elle accueillit avec joie cet héritage paternel, et retrouva dans son cœur les
traditions de son saint patron.

Les dames des pauvres malades prirent chez
elle les premières leçons, et commencèrent dans
la paroisse Saint-Médard contre la maladie la
sainte croisade, qui s'étendit depuis à tant de
paroisses. A cette bonne école, elles s'habituèrent
à saisir dans la vie du pauvre le moment où il a
le plus besoin de secours, où il est le mieux dis-
posé à en profiter et à lui faire arriver, avec le
soulagement du corps, les paroles et les sacrements qui guérissent les âmes.

Quand la société philanthropique confia aux sœurs de la Charité, dans plusieurs quartiers de Paris, la direction de ses fourneaux économiques, elle en établit un dans la maison de la rue de l'Épée-de-Bois. C'était un grand plaisir pour la supérieure de faire elle-même la distribution des soupes ; elle y passait souvent de longues heures, s'entretenait avec les ouvriers qui venaient chercher leur portion de riz et de haricots, et, par l'intérêt qu'elle leur témoignait, parvenait à leur arracher le secret de leur misère morale et physique ; souvent ces braves gens emportaient avec leur soupe un bon conseil et une pieuse idée ; car tout était pour la sœur Rosalie une occasion d'avertissement et de leçon. Le prédicateur ne montait jamais en chaire, le maître ne se faisait pas sentir ; mais sa parole affectueuse, appropriée à chacun, pénétrait doucement dans les cœurs, et y faisait son chemin : l'auditeur se trouvait persuadé avant d'avoir discuté, et il était vaincu sans avoir seulement songé à se défendre.

La distribution des soupes représentait à la sœur les agapes des premiers chrétiens ; elle y appelait ses compagnes, pour les récompenser de quelque surcroît de travail, de quelque effort de dévouement.

« Saluons, leur disait-elle en entrant dans la

salle, les anges, qui sont fiers de conduire les pauvres en qui Dieu réside. »

Lorsque la société de Saint-Vincent-de-Paul, ignorante de sa destinée, se rassembla pour la première fois dans une petite chambre, trop grande encore pour le nombre de ses membres ; lorsque cinq ou six jeunes gens qui avaient sauvé leur foi des influences antireligieuses de l'époque voulurent placer leur croyance, battue par la tempête, sous la sauvegarde de la charité, ils allèrent trouver la sœur Rosalie. Elle les connaissait tous, et avait déjà fait faire à plusieurs l'apprentissage de leur œuvre : elle leur indiqua les familles qu'ils devaient visiter, dirigea leurs premiers pas dans cette carrière que Dieu devait tant agrandir, et ne cessa jamais de s'intéresser à leur progrès. Elle voulut avoir une conférence dans sa paroisse ; elle en était l'âme, la soutenait de ses avis, souvent même de ses secours, et trouvait dans chacun des associés un auxiliaire et un serviteur dévoué.

En voyant tant de pauvres gens ramenés à l'Église par les soins de cette conférence, tant d'enfants envoyés aux écoles chrétiennes, tant d'ouvriers enrôlés dans de pieuses associations, en voyant surtout les membres de la société de Saint-Vincent-de-Paul se soutenir les uns les autres contre les faiblesses du respect humain, suivre la loi qu'ils enseignaient à leurs pauvres, pratiquer les vertus qu'ils leur prêchaient, elle bénissait ces jeunes gens, et remerciait son saint patron d'avoir laissé tomber sur eux un souffle de son esprit et un rayon de sa charité.

Il est une œuvre plus difficile, plus délicate que toutes les autres, et qui a besoin de la sainteté la plus haute comme du plus ferme courage ; celle-là ne désespère pas de l'apôtre qui a trahi le Seigneur, et elle se donne pour mission d'aller le chercher jusqu'au fond de l'abîme, jusque dans les impurs sentiers de l'apostasie, pour l'arracher au scandale et au désespoir de sa trahison.

La sœur Rosalie, qui ne se lassait jamais de poursuivre les brebis les plus égarées, et qui, comme le Sauveur, savait si bien les rapporter repentantes au bercail, avait reçu de Dieu un don particulier pour agir sur les natures rebelles, et faciliter leur retour. Chargée souvent par les bons pasteurs d'aller à la recherche de ces mercenaires qui avaient abandonné leur troupeau, elle ne reculait devant aucune démarche, aucune fatigue, employait avec une habileté pleine d'énergie le fer et le feu contre les plaies gangrenées, tranchait hardiment les complications les plus inextricables, et réussissait presque toujours à relever le prêtre tombé et à ramener l'apôtre infidèle aux pieds de son maître.

Cette disposition à tout accueillir, à tout seconder, la sœur Rosalie l'appliquait avec un zèle extrême à la prospérité des ordres religieux. Comme saint Vincent de Paul, elle était l'amie, l'auxiliaire de toutes les congrégations, et ne songeait qu'à leur prospérité et à leur gloire. Toutes auraient pu dire ce qu'un saint religieux disait au nom de son ordre, en apprenant sa mort :

« Nous ne pourrons jamais la remplacer. »

Toutes les fois qu'une congrégation venait s'établir à Paris, les sœurs s'adressaient à la sœur Rosalie pour avoir conseil et assistance. Sa maison leur était ouverte ; dans leurs embarras et leur inexpérience, elles trouvaient toujours ses lumières et son appui ; il leur semblait qu'elle était de leur ordre, et qu'en l'écoutant elles entendaient la parole de leur supérieure. Elle accueillit ainsi les dames Augustines, venues à Paris en 1827, et leur envoya leur premier dîner. En souvenir de cette charité, chaque année, à l'anniversaire de ce jour, le même dîner est servi sur la table du couvent. Elle rendit plus tard un service semblable aux dames de la Croix.

Si quelque division s'élevait dans une communauté, l'intervention de la sœur Rosalie était réclamée ; sa parole, si calme, si persuasive, ramenait l'accord et la conciliation, et faisait tout rentrer dans l'ordre.

En 1846, cinq sœurs polonaises de Saint-Vincent-de-Paul s'échappèrent de Wilna, où elles étaient prisonnières dans leur maison, et arrivèrent à Paris sans avoir rien pu emporter de ce qu'elles possédaient. Placées dans le voisinage de la sœur Rosalie, dès qu'elles l'eurent vue, elles n'eurent plus aucune inquiétude sur leur avenir. Elle se montra leur amie la plus dévouée, partagea avec elle son mobilier, ses ressources, alla les voir tous les jours pour savoir ce qui leur manquait, et les conduisit par la main à travers cette terre étrangère où la Providence les avait amenées pour l'instruction et le salut de leurs jeunes compatriotes. Plus tard la calomnie vint les poursuivre jusque dans l'exil, et empoisonner de son venin le bien qu'elles y faisaient ; l'existence de leur maison fut compromise ; on les menaça d'un ordre d'expulsion. La sœur Rosalie les soutint dans cette épreuve, consola leur peine, et contribua à faire triompher la justice de leur cause.

Le jour où les petites sœurs des pauvres vinrent apporter à Paris leur sublime misère au secours des vieillards, la sœur Rosalie les reçut comme ses filles, leur envoya les matelas de sa maison, les premiers ustensiles de leur cuisine ; elle leur chercha partout des amis, des protecteurs. A sa voix, les communautés, les pensions leur ouvrirent leurs portes, et fournirent au frugal repas de leurs pauvres ; elles allaient sans cesse lui demander tout ce dont elles avaient besoin, tant elle leur avait paru inépuisable dans sa générosité ; à leurs demandes elle répondait toujours : « Oui, mes sœurs, soyez tranquilles, vous l'aurez.»

Elle leur procura l'asile où s'exerça pour la première fois, à Paris, ce ministère charitable qui n'a rien à envier à aucun ordre ni à aucun siècle ; comme les petites sœurs, plusieurs communautés avaient déjà ramassé pour Lazare les restes de la table des riches ; mais aucune, jusqu'à leur fondation, n'avait borné sa nourriture aux restes tombés de la table de Lazare.

La modestie de la sœur Rosalie était fière de leur humilité, elle jouissait de leur vertu comme d'un bien qui lui était propre ; elle mettait ses travaux, son dévouement, celui de ses sœurs bien au-dessous de l'abnégation de ces nouvelles servantes des pauvres. Elle leur donna à Paris leur premier vieillard, comme elle avait donné à la société de Saint-Vincent-de-Paul sa première famille.

Beaucoup d'autres fondations lui durent des secours considérables : elle obtint de la duchesse de Narbonne quarante mille francs pour l'établissement d'écoles catholiques dans le faubourg Saint-Antoine.

Sa main puissante ne s'arrêta pas à Paris, elle contribua au dehors à la fondation d'un grand nombre de maisons religieuses, d'institutions charitables, à la construction, à la réparation d'une multitude d'églises et d'écoles. En un mot, elle fut mêlée à tout ce qui se faisait de bien dans toutes les parties de la France et même de l'univers catholique. Dans toute œuvre il y avait quelque chose d'elle, une idée, une action ou un conseil ; toutes les fois qu'un pauvre arrivait à Paris pour chercher du secours, un ouvrier du travail, qu'un religieux ou un prêtre venait quêter pour son ordre ou sa paroisse ; si quelqu'un avait un renseignement, un avis, un emploi à demander, un domestique à placer ou à prendre ; s'il se présentait quelque part une affaire délicate à traiter, une grâce à obtenir, un obstacle insurmontable à vaincre, on allait chez la sœur Rosalie.

CHAPITRE X.

LE PARLOIR DE LA RUE DE L'ÉPÉE-DE-BOIS.

C'était dans le parloir de la maison de secours que la sœur Rosalie donnait ses audiences et tenait les assises de la charité ; les sœurs l'appelaient le salon de leur mère, et, malgré son nom, son aspect ne démentait pas le vœu de pauvreté de celle qui l'habitait. Dans cette pièce, étroite, mal éclairée par une petite fenêtre sans rideaux, tout était simple et comme dépouillé ; un vieux papier disputait depuis un demi-siècle sa couleur à l'humidité et ses lambeaux aux souris ; un paillasson servait de tapis ; quelques portraits, plus remarquables par la place que leurs personnages occu-

paient dans l'Église que par le talent de l'artiste,
quelques lithographies que recommandait la sainteté du sujet, illustraient les murs, et, entre les
images de notre Seigneur et de la Vierge, des vers
rappelaient aux visiteurs les devoirs du chrétien ;
sur la cheminée, où le feu s'allumait rarement,
une pendule de la forme la plus modeste, don
d'une main amie, était ordinairement arrêtée ; des
deux côtés, les miniatures de saint Vincent de
Paul et de Mlle Legras représentaient les chefs de la
famille de la Charité ; à gauche une armoire sous
la forme d'une bibliothèque très-peu chargée de
livres, à droite un secrétaire où s'entassaient les
comptes, les quittances de la supérieure, et dont
chaque tiroir, sans cesse rempli et vidé, contenait
la fortune d'une de ses œuvres ; et autour de la
chambre deux fauteuils et quatre chaises de paille
complétaient depuis trente ans l'ameublement.
Seul un beau crucifix contrastait avec tout le
reste ; par la divine expression de la figure, le
bon goût du cadre, le fini des accessoires, il
fixait les regards, et accusait la main d'un
maître. Le marbre de la cheminée, les planches
de l'armoire, le haut du secrétaire étaient couverts
de lettres entr'ouvertes, timbrées de toutes les
parties du monde, de pétitions adressées à toutes
les puissances, de bons de toute nature et de toute

couleur, des comptes rendus du bureau de bienfaisance, des rapports et des prospectus envoyés
par les œuvres ; et en mettant le pied dans ce
milieu à la fois pieux et pauvre, il était facile de
reconnaître qu'on entrait dans le sanctuaire de
l'humilité et de la miséricorde.

Le parloir ne désemplissait pas. Un des jeunes
gens qui servaient de secrétaires à la sœur voulut
se rendre compte du nombre des personnes qui y
entraient dans un seul jour : il en compta jusqu'à
cinq cents, et la journée n'était pas finie. Dans
cette étroite enceinte, où beaucoup étaient obligés
de se tenir debout faute de siége, se pressaient
toutes les conditions, tous les accidents de l'humanité. Les extrémités de la fortune et de la misère, de la puissance et de la faiblesse, s'y rencontraient pour se rapprocher et se faire du bien ; car
personne n'y pénétrait inutilement, et les uns
apportaient ce que venaient chercher les autres.
Rien n'était plus touchant que de voir se succéder
et quelquefois entrer ensemble l'ambassadeur et le
pauvre honteux, le simple ouvrier et le prince de
l'Église, la chiffonnière et la maréchale de France,
tous accueillis avec la même bonté, tous ayant
quelque plainte à faire de leurs destinées, et em-
portant de leur visite des pensées plus douces, une
meilleure espérance, et plus de courage à sup-

porter le poids de la vie. Il y avait là comme un inépuisable trésor où chacun prenait ce dont il avait besoin : le pauvre, une parole aimable et un morceau de pain ; le jeune homme, la force contre les passions ; l'homme mûr, l'expiation des fautes de sa jeunesse. Plus d'un père y a trouvé la récompense de la bonne action qu'il allait faire, en rencontrant son fils amené par le même attrait, et qu'il croyait occupé autrement et ailleurs. Que de confidences ces murs ont reçues ! Que de belles actions ils ont inspirées ! Que de pleurs ils ont vu répandre ! Dans ce parloir, combien d'ennemis jurés ont renoncé, en se donnant la main, à des haines qu'ils croyaient éternelles ! Combien d'enfants, condamnés par leur naissance à ne jamais connaître l'affection maternelle, ont reçu du repentir ou de la charité les soins et les sourires d'une mère ! On en sortait toujours meilleur : l'orgueilleux plus humble, l'égoïste moins occupé de lui-même ; l'avare devenait généreux ; l'inquiétude y laissait ses agitations, la faiblesse ses tentations de découragement, et le désespoir ses pensées de suicide.

La présence de la sœur Rosalie dominait tout, et l'on ne pouvait détourner les yeux de cette physionomie sereine et bienveillante. Son langage était simple, son maintien réservé ; il semblait que rien

ne dût la distinguer.au milieu de la foule ; mais
bientôt, sous la simplicité de sa parole, on sentait
l'inspiration d'une intelligence et d'une raison
supérieures. Sa douceur était pleine de majesté,
et le feu d'une grande âme brillait au fond de
son limpide regard.

Du premier coup d'œil elle discernait à qui elle
avait affaire. Elle commençait ordinairement par
les plus pauvres : un vieillard recevait son entrée
aux Incurables ou aux Petites-Sœurs, une pauvre
veuve l'admission de son enfant à Ménilmontant
ou à une colonie agricole. Une maîtresse habile et
sûre était indiquée à une apprentie, un magasin
à une ouvrière sans travail ; celui-ci obtenait un
conseil pour son œuvre, celui-là un nom pour appuyer sa demande, une adresse pour aller chercher des leçons ou un emploi. La sœur Rosalie
distribuait ensuite les bons et les listes aux dames
de charité, écoutait le compte rendu des visites de
ses jeunes gens, remerciait d'un service, en obtenait un autre, répondait aux questions que chacun
venait lui faire, et terminait la séance par la remise de ses correspondances et de ses commis-
sions : elles étaient toujours très-nombreuses, et
il y avait foule pour les faire ou les porter. Dans
ces longues heures, pas une minute qui n'ait été
consacrée à une bonne action, pas une parole qui

n'ait eu trait à la charité, et, pendant cinquante ans, les audiences se sont données sans autre interruption que la maladie, sans que jamais personne ait été repoussé, sans qu'aucune des affaires qui s'y produisaient ait été oubliée ou mal accueillie.

Les hommes les plus considérables de l'État, de la littérature, de la société, entraient dans ce parloir, attirés par la réputation de la sœur Rosalie, prenant souvent le plus léger prétexte pour se mettre en rapport avec elle. La supérieure s'étonnait de leur empressement, leur parlait avec la même politesse, la même simplicité qu'à tout le monde, ne les laissait pas partir sans avoir obtenu d'eux quelque bonne action, et leur inspirait toujours un grand désir de lui faire une nouvelle visite.

A son arrivée à Paris, elle avait remis la lettre que sa mère lui avait donnée pour l'abbé Émery, le vertueux directeur de Saint-Sulpice et l'ami de sa famille. L'abbé Émery avait appris, dans la méditation et la prière, comment il faut dire la vérité aux grands de la terre : au jour où tout se taisait devant Napoléon, il avait su défendre contre ses empiétements les droits de l'Église et du Saint-Siége, et mériter son estime en lui résistant. Dès qu'il eut vu la jeune novice, il ne songea pas, comme l'avait espéré sa mère, à combattre sa vocation ; il apprécia tout ce qu'il y avait en elle d'élevé et de saint, et devina son avenir. Il allait la voir tous les jours au noviciat, et lui conserva son amitié jusqu'à sa mort. Lorsqu'elle fut placée dans le faubourg Saint-Marceau, il venait souvent la visiter, s'associait à ses bonnes œuvres, l'entretenait des intérêts sacrés qui lui étaient confiés, et examinait avec elle ce qu'il y avait à faire pour le bien des pauvres. Le saint docteur sentait se ranimer son zèle et grandir son courage dans la conversation de l'humble fille de saint Vincent de Paul.

La sœur Rosalie vit aussi venir dans sa maison un homme dont elle aimait la charité et admirait le génie : M. de Lamennais, lorsqu'il était l'espérance et la joie de l'Église, s'était beaucoup attaché à elle, la mettait de moitié dans ses aumônes, trouvait son intelligence à la hauteur de son cœur, et puisait dans ses entretiens quelques-unes de ces pensées qu'il ajoutait comme commentaire à l'*Imitation de Jésus-Christ*, et qui ne la déparaient pas. Tout lien fut rompu le jour où il renia sa foi et abandonna l'Église ; mais la sœur ne l'oublia ni ne le maudit, car elle l'avait vu auprès des pauvres. Lorsqu'il fut condamné à la prison, elle n'hésita pas à aller le voir : le prisonnier parut surpris, puis touché de sa visite, se montra poli, affectueux même au premier moment ; mais bientôt il fit rentrer la conversation dans un cercle banal qui ne permettait ni confiance ni ouverture de cœur ; il finit par d'amères récriminations contre les doctrines et les hommes que la sœur respectait. Lorsqu'elle le quitta, il ne témoigna aucun désir qu'elle revînt ; ce fut un grand regret pour la sœur Rosalie. Dans son indulgence, elle aimait à rappeler les anciens services de l'éloquent écrivain, et comptait sur eux pour racheter sa chute et le retirer de l'abîme.

« Son repentir, disait-elle, rendra à la vérité un témoignage encore plus éclatant que son innocence. »

Depuis cette visite, M. de Lamennais avait peur de la revoir ; le nom de la sœur Rosalie ayant été prononcé devant lui à l'occasion d'un renseignement dont il avait besoin, il refusa énergiquement d'avoir recours à l'intervention de la fille de la Charité, et repoussa toute nouvelle relation avec elle. Au bruit de sa dernière maladie, la pitié de la sœur s'émut : elle espéra un moment qu'à la clarté de l'autre vie ses yeux s'ouvriraient, que ses oreilles redeviendraient accessibles à la vérité qu'il avait autrefois si bien défendue ; mais un mur d'airain s'éleva entre le mourant et la servante des pauvres. Aucun souffle d'en haut ne vint ranimer

ses ossements arides et attendrir son âme obsti-
née ; il avait prononcé sa condamnation le jour où
il avait eu peur de revoir la sœur Rosalie.

Elle visita un autre prisonnier, qui avait aussi
l'habitude de son parloir, M. l'abbé Combalot ;
mais celui-là n'était pas condamné pour avoir attaqué la société et la religion : il n'avait ni à se
rétracter ni à se repentir. Depuis, comme auparavant, sa voix éloquente n'a pas cessé de prêcher le
Dieu que servait et les vertus qu'a pratiquées la
sœur Rosalie. Le lendemain de sa mort, du haut
de la chaire de Saint-Sulpice, au milieu d'une
foule émue, il s'écriait :

« J'ai été en prison, et la sœur Rosalie est
venue me visiter ; colombe charitable, elle m'apportait ma nourriture deux fois le jour. »

Donoso Cortès, marquis de Valdegamas, avait
bu de bonne heure à la coupe des doctrines nouvelles et des plaisirs de ce monde ; il en avait été
vite rassasié. Sa nature droite, son intelligence
élevée avaient aperçu le néant des espérances et
des promesses humaines, leur insuffisance pour
sauver les hommes et les peuples ; il s'était tourné
du côté de Dieu, et avait appelé la religion au secours de la société. Dans cette nouvelle voie, il
avait déployé un talent de premier ordre et une
merveilleuse éloquence. Envoyé par l'Espagne

pour la représenter à Paris, il fut bientôt recherché et aimé de tous ceux qui le connaissaient. Absolu dans ses idées, mais plein de tolérance et de charité dans ses sentiments, il avait rapidement conquis l'admiration des uns et l'affection de tous ; ceux mêmes que repoussait l'exclusion de son esprit se laissaient gagner par l'effusion de son cœur. Mais la bienveillance, les hommages de la meilleure société ne lui suffisaient pas ; il se plaignait souvent d'user toutes ses journées en courses mondaines, et s'effrayait, disait-il, du jugement de Dieu, lorsqu'à son tribunal, interrogé sur l'emploi de ce temps donné pour nous sauver, il lui faudrait répondre :

« Seigneur, j'ai fait des visites ! »

Il entendit parler de la sœur Rosalie et voulut la connaître. Conduit par un de ses amis à la rue de l'Épée-de-Bois, il fut singulièrement frappé de son premier entretien, et sentit qu'il y avait là quelque chose qui manquait à sa vie ; ces deux âmes, en se rencontrant, s'étaient comprises : le traité fut bientôt conclu. Il ne se plaignit plus des visites qu'il avait à faire ; car chaque semaine il quittait le quartier du pouvoir, de l'élégance et de la diplomatie, pour aller voir celle qu'il appelait son directeur. Il recevait d'elle une liste de pauvres, courait à pied tout le faubourg, s'asseyait près des malades, serrait la main de l'infirme, embrassait le petit enfant, réjouissait toute la famille de ses paroles animées par l'accent et l'imagination du Midi, et revenait heureux raconter à la maison de l'Épée-de-Bois ses passe-temps et ses découvertes. Tant qu'il fut en santé, en dépit de toutes ses occupations politiques et officielles, il ne manqua jamais à son rendez-vous charitable. La sœur Rosalie le voyait arriver au jour dit, à l'heure convenue; rien ne pouvait remplacer ou même abréger ses visites. Tombé malade, il envoya exactement l'argent qu'il ne pouvait plus porter lui-même, et s'occupa jusqu'à son dernier jour de ses amis du faubourg Saint-Marceau. Il en parlait sans cesse à la sœur de Bon-Secours qui veillait auprès de lui, et mêlait cet intérêt et ce souvenir aux saintes pensées qui, comme des anges gardiens, lui faisaient douce compagnie, et préparaient son avénement à l'autre vie. Lorsque le mal s'aggrava, la sœur Rosalie quitta à son tour son quartier pour la rue de Courcelles, et vint rendre à l'hôtel de l'ambassadeur les visites qu'il avait faites si souvent à ses mansardes. Ses prières ne purent en écarter la mort; mais elle assista au moment suprême, comme pour témoigner devant le souverain Juge des bonnes œuvres de celui qu'il allait juger.

Les sentiments du mourant furent admirables de résignation et de foi. Comme on voulait envoyer chercher le médecin :

« A quoi bon ? dit-il en embrassant le crucifix, je n'ai plus besoin que de Dieu. »

Puis, faisant un retour sur ce monde, où il avait si brillamment et si rapidement passé :

« A quoi sert le monde ? Quelle consolation m'a-t-il apportée ? Qui m'a été utile, qui m'a soulagé, si ce n'est cette pieuse garde-malade, dont toutes les paroles m'exhortaient à la patience ? Qui m'a assisté, sinon les Saints ? ajoutait-il en indiquant le reliquaire de saint Vincent de Paul que la sœur Rosalie lui avait donné. Que les pauvres prient pour moi ! qu'ils ne m'oublient pas ! »

Telle fut sa dernière parole. La sœur Rosalie l'entendit, eut avec Dieu son dernier regard, et quitta la maison funèbre avec l'espérance que ses pauvres avaient maintenant un protecteur de plus au ciel.

La politique qui divise le monde n'entrait pas dans le parloir de la sœur Rosalie ; chacun laissait en quelque sorte à la porte ses préventions, ses répugnances, et l'on voyait marcher ensemble dans les œuvres qu'elle fondait, dans les démarches qu'elle dirigeait, les hommes de tous les partis. Une

seule pensée inspirait tout, l'amour et le soulagement des pauvres ; on ne discutait, rue de l'Épée-de-
Bois, que leurs affaires ; on ne s'occupait que de
leur cause ; les événements y étaient jugés suivant
qu'ils étaient favorables ou contraires à la diminution de leur misère ; les hommes, suivant qu'ils se
montraient plus ou moins portés à leur faire du
bien. Dans cet intérêt, la sœur Rosalie eut des rapports avec tous les gouvernements. Les souverains
qui se sont succédé en France eurent recours à
elle, et rendirent hommage à sa charité. Charles X
ne pouvait l'oublier dans ses libéralités vraiment
royales, et faisait passer par ses mains d'immenses
aumônes. La Dauphine l'avait associée à son intelligente pratique du bien, et aux œuvres nombreuses
auxquelles cette grande âme allait demander la
consolation de ses malheurs. La sœur reçut un jour
de la princesse une leçon qu'elle aimait à rappeler, et dont elle avait fait grand profit. Chargée par
la Dauphine de payer une pension à un homme
dont elle découvrit la mauvaise conduite, elle crut
devoir avertir la bienfaitrice de la découverte, et
suspendre le secours.

« Ma sœur, lui répondit la Dauphine, continuez
de payer la pension à cet homme : il faut faire la
charité aux bons pour qu'ils persévèrent, aux méchants pour qu'ils deviennent meilleurs. »

La révolution de 1830 diminua beaucoup ses ressources ; mais la reine Marie-Amélie lui faisait souvent demander conseil, et accordait beaucoup à ses prières et à ses recommandations.

Le général Cavaignac, au milieu des difficultés, des soucis, des luttes de son pouvoir éphémère, vint plusieurs fois lui faire visite, et la remercier de sa bienfaisante influence sur ce peuple à qui la révolution de février avait donné tant d'espérances et si peu de moyens de les réaliser. La sœur Rosalie obtint de lui un grand nombre de grâces, et, par son entremise, arracha à la sévérité des lois plus d'un pauvre père de famille que de perfides suggestions avaient entraîné dans les émeutes et la guerre civile, et qui paraissait à la bonne sœur plus malheureux que coupable.

Le 18 mars 1854, elle fut visitée par Napoléon III. Peu de temps auparavant, elle avait reçu la croix d'honneur, aux applaudissements de tout le quartier, chaque pauvre se croyant décoré en sa personne : mais sa surprise fut grande et son chagrin extrême, car, après l'avoir énergiquement refusée, elle ne céda, en l'acceptant, qu'à la crainte de blesser la main qui la lui présentait ; elle ne la porta jamais, et son humilité en souffrit tellement, que, pendant plusieurs jours, elle fut malade ; elle était péniblement affectée toutes les

fois qu'on faisait la moindre allusion à cette faveur, qu'elle regardait comme une des plus
grandes épreuves de sa vie. L'impératrice accompagnait l'empereur à la maison de secours ; la sœur
reçut cette visite avec respect et reconnaissance.
Elle voyait, dans ce témoignage d'intérêt, une leçon de bienveillance et de charité envers les petits
et les faibles, donnée à tous les fonctionnaires, et
une recommandation à ceux qui disposent de l'autorité publique, quels que soient leur rang et leur
puissance, d'être attentifs, affectueux, pleins de
pitié pour les malheureux que les souverains ne
dédaignaient pas de visiter.

Elle dut à cette visite une faveur à laquelle elle
attachait beaucoup de prix : sur sa demande, l'impératrice promit de faire donner aux sœurs de
Saint-Vincent-de-Paul l'asile qui allait s'ouvrir
dans la maison de secours, et que la ville de Paris,
d'après le principe adopté par son administration,
devait confier à une directrice laïque. Comme, au
moment de l'installation de l'asile, l'ancien système paraissait sur le point de prévaloir, la sœur
Rosalie écrivit à l'impératrice pour lui rappeler sa
promesse, et immédiatement l'asile fut ouvert sous
la direction des Filles de la Charité.

CHAPITRE XI.

PUISSANCE DE LA SŒUR ROSALIE.

Les rapports de la sœur Rosalie avec tous les rangs de la société, le rendez-vous donné dans sa maison par la charité à toutes les grandeurs comme à toutes les misères de ce monde, lui acquirent bientôt une puissance incomparable.

« Elle avait le bras long, » disaient les hommes de son quartier.

Chaque visite reçue, chaque service rendu, chaque demande satisfaite lui assurait un auxiliaire et ajoutait un élément à son action; à mesure qu'elle se montrait plus généreuse, elle obtenait plus de ressources. Elle éprouvait la vérité de cette parole qu'elle avait souvent à la bouche :

« Il faut toujours avoir une main ouverte pour donner, afin de beaucoup recevoir de l'autre. »

Bientôt elle exerça une sorte de souveraineté dans le domaine de la charité, chacun voulant être son sujet et son tributaire. Des sommes considérables étaient versées chaque année dans son trésor ; elle avait des aides de camp auprès de toutes les administrations publiques, des chemins de fer, des grandes entreprises industrielles, partout où il y avait des places et des emplois à donner. Elle correspondait avec toutes les parties du monde ; les évêques se faisaient dans leurs diocèses les protecteurs de ses bonnes œuvres ; les grandes usines recevaient ses ouvriers ; les hospices, ses infirmes ; les congrégations, ses novices. En quelque situation que fussent ceux qu'elle recommandait, en voyage, à l'armée, même devant la justice, ils trouvaient des amis pour les accueillir, des officiers pour les protéger, des avocats qui plaidaient leur cause. On pouvait traverser la France avec son amitié pour sauvegarde.

Son nom ouvrait toutes les portes, abaissait toutes les barrières ; il comptait jusque dans les conseils des ministres et les cabinets des souverains.

On lui a reproché de ne pas avoir assez ménagé son influence, et d'avoir été trop facile dans ses recommandations. Elle l'avouait elle-même, elle n'avait pas toujours le courage de repousser ceux que tout le monde abandonne, et d'ajouter son refus à celui des autres. Une personne qui avait grande confiance en la sœur Rosalie lui avait demandé une domestique; s'étant aperçue quelque temps après que cette femme était infidèle, elle alla s'en plaindre.

« La malheureuse! s'écria la sœur, elle m'avait pourtant bien promis de ne pas recommencer. »

Plusieurs ont abusé de cette bienveillance, et dans les derniers temps de sa vie ses amis les plus intimes se défiaient un peu de sa signature.

Mais pour quelques lettres surprises, quelques apostilles mal placées, un grand nombre de familles respectables lui durent la sécurité et l'honneur. Beaucoup d'intelligences élevées s'éteignaient faute d'un peu d'appui, et ont atteint par sa protection les hauteurs de la science et de l'estime publique; beaucoup de jeunes gens sans fortune, sans protecteurs, repoussés dans leur recherche de places et de travail, seraient devenus peut-être un danger pour la société, le désespoir de leurs familles; ils occupent maintenant des positions importantes, à la grande satisfaction de ceux qui les emploient : ils sont le soutien et l'orgueil de leurs parents, grâce à la recommandation de la sœur Rosalie.

Au reste, comme toutes les puissances, elle était assiégée des sollicitations les plus inattendues et les plus étranges ; il lui en venait de toutes parts et pour toutes choses : on voulait sa protection pour entrer au conseil d'État comme à l'hospice, pour obtenir une préfecture comme un bureau de tabac. En vain elle répondait qu'elle n'était pas ministre, et qu'elle n'allait pas à la cour. Sa réputation était si grande, qu'on ne supposait rien d'impossible à sa charité, et tout le monde lui tendait la main.

Elle avait d'ailleurs un si grand désir d'obliger, que les solliciteurs, qui se flattent si volontiers, prenaient facilement sa bonne volonté pour son pouvoir. Les désespérés se croyaient sauvés quand ils avaient été recommandés par elle ; l'aménité de son accueil donnait de l'espérance aux plus défiants, de la patience aux plus pressés ; les regrets qu'elle éprouvait adoucissaient et faisaient presque oublier les désappointements et les refus. Ceux dont les demandes avaient été vaines ne se plaignaient pas, ils revenaient près d'elle se consoler de n'avoir pas réussi, et ils étaient encore heureux lorsqu'au lieu d'une place ou d'un secours ils emportaient ce qu'un bon vieillard appelait sa petite goutte de consolation : le plaisir d'avoir vu et entendu la sœur Rosalie.

En présence de cette vie prodiguée à tous, de

cette charité qui semblait se jeter au loin, et comme au premier venu, une inquiétude se mêle à l'admiration. Comment ne pas regretter un peu l'immense bien que faisait la sœur Rosalie au dehors, en pensant aux besoins extrêmes de son quartier? On voudrait voir se concentrer les ressources de son intelligence et de son âme sur les habitants du faubourg Saint-Marceau, bien plus misérables que la plupart de ceux qui venaient lui tendre la main; mais ce tort fait aux siens au profit de tous les autres n'est qu'apparent, et l'expansion de sa charité leur apporte plus de secours que la plus sévère des exclusions. En effet, tout ce que la sœur Rosalie donnait au dehors, revenait en bienfaits sur son quartier, et au lieu d'amoindrir la part de ceux qu'elle regardait comme ses enfants, ses libéralités extérieures les enrichissaient. Le grand nombre de personnes qui lui devaient de la reconnaissance, savaient à qui et comment payer leur dette; elles remerciaient la sœur Rosalie dans ses pauvres, et comme elle avait des obligés dans tous les rangs et dans toutes les positions, son faubourg eut partout des débiteurs disposés à s'acquitter.

« Nous avons besoin de la société pour nos pauvres, » disait-elle souvent à ses sœurs, en leur recommandant de bien recevoir toutes les personnes qui se présentaient. Paris était ainsi devenu son tributaire, et de ce monde, qu'elle n'allait pas chercher, mais qui venait de lui-même auprès d'elle, elle avait fait le protecteur et comme le trésorier de son faubourg.

Elle écrivait aux souverains pour les écoles et les asiles du faubourg Saint-Marceau, recommandait aux riches et aux puissants ses pauvres honteux, et savait même attirer la compassion étrangère sur cette classe d'habitants un peu nomades, qui n'ont guère d'autre mérite que leur misère, et qu'elle appelait le prochain des rues.

C'était dans la rue Mouffetard et les environs que le monde allait chercher les familles qu'il secourait pour se consoler ou se distraire, que les associations, que les jeunes protégés de la sœur Rosalie trouvaient un exercice à leur charité. Si pour la première fois la sœur fournissait les bons du bureau, elle savait bien que le zèle ne s'arrêterait pas à cette modique distribution, elle s'en remettait à la misère du soin de plaider sa propre cause : nulle voix n'est plus éloquente que la sienne, quand elle est prise en flagrant délit, et qu'elle montre non le mendiant étalant dans les rues des plaies fictives et des infirmités mensongères, mais le malade sur sa couche de douleur, l'enfant nu, la chambre dépouillée.

Souvent un des amis de la supérieure lui ame-

nait quelque grande dame étrangère, curieuse de
savoir ce que pouvait être un pauvre à Paris ; une
liste était dressée où figurait tout ce qui était capable d'émouvoir sans trop fatiguer : des malades
résignés, des vieillards respectables, des familles
ayant beaucoup de jolis enfants, et demeurant au
rez-de-chaussée, ou à des étages pas trop élevés.
Une sœur expérimentée accompagnait les premiers
pas, à travers les escaliers tortueux et les corridors
obscurs ; elle racontait l'histoire des ménages visités, et leur faisait dire à eux-mêmes tout ce qui
devait intéresser en leur faveur ; deux heures
après, la néophyte rentrait émue, elle avait pleuré,
elle avait vidé sa bourse, elle avait passé par des
impressions qu'elle ne soupçonnait pas ; bientôt
elle revenait non plus par curiosité, mais par affection, redemandait ses pauvres, en voulait quelques-uns de plus ; pendant son séjour à Paris, elle
était la plus assidue des dames de charité de la
sœur Rosalie ; souvent aussi, au retour du voyage,
un pays lointain devait une bonne œuvre au souvenir du faubourg Saint-Marceau.

Quand le temps ou la force manquait pour la
visite, la conversation avait laissé soupçonner une
influence, une position capable d'être utilisée, et
le lendemain une petite lettre partie de la maison
de secours venait recommander la pétition d'un

pauvre homme, ou solliciter quelques lignes pour un ministre, le préfet de la Seine, une des puis-sances de l'administration ou de la charité pu-blique. Comment refuser une demande à celle qui, sans vous connaître, vous avait si bien accueillie? personne n'osait repousser la première prière de la sœur Rosalie ; on était fier de sa confiance, on se hâtait de lui obéir, et il y avait, peu de jours après, grande joie dans un des ménages du dou-zième arrondissement.

Bientôt le faubourg Saint-Marceau sortit de son obscurité et de son délaissement ; les visiteurs traversaient ses rues pour arriver jusqu'à la sœur Rosalie, et, en faisant connaissance avec elle, se familiarisaient avec la misère de son quartier; on le plaignit, on s'inquiéta de son sort. Les arron-dissements les plus riches s'habituèrent à lui en-voyer un peu de leur superflu ; il y eut des quêtes pour lui dans les églises et dans les salons du fau-bourg Saint-Germain ; un grand nombre de per-sonnes charitables se partagèrent ses rues, ses maisons, quelquefois même ses étages, et souvent dans ces grands bâtiments, remplis de pauvres de la cave au grenier, la sœur de Charité pansait au rez-de-chaussée une blessure, la dame des pauvres malades s'arrêtait au premier étage pour lire à un mourant les dernières prières, pendant

qu'un jeune homme de la société de Saint-Vincent-de-Paul consolait sous les toits une pauvre
famille, lui apportait le pain de la semaine, et
apprenait à un enfant le catéchisme. Peu à peu la
situation du faubourg changea de face : il resta
encore le plus misérable des quartiers de Paris, il
n'était au pouvoir de personne de l'enrichir ; mais
sa pauvreté fut moins extrême ; le plus grand
nombre de ses ménages eurent un lit, un poële,
une chaise ; ses enfants furent mieux vêtus, plus
polis, mieux instruits ; des habitudes plus chré -
tiennes entrèrent dans sa population ; elle se montra résignée à son sort, soumise aux lois, attachée
à l'ordre et au travail ; elle aima d'une grande
tendresse celle à qui elle devait son progrès ; son
âme s'agrandit, ses sentiments s'élevèrent par cette
affection ; la sœur Rosalie devint l'intermédiaire
d'une réconciliation entre la société et le faubourg
Saint-Marceau. Elle dissipait les préventions qui
existaient contre lui, et le justifiait en le faisant
mieux connaître : aussi, quand il était attaqué
devant elle, quand on lui adressait quelque reproche, elle le défendait avec vivacité, et protestait
énergiquement contre l'injustice.

« Il est calomnié, répétait-elle souvent ; il vaut
beaucoup mieux que sa réputation ; sa pauvreté
laisse voir moins de dépravation et de malice que

n'en cachent bien d'autres quartiers sous leur luxe et leur richesse. »

La sœur Rosalie avait le droit d'avoir bonne opinion de son peuple, car aucune voix ne fut plus écoutée que la sienne, aucune autorité mieux reconnue, aucune main plus bénie ; et si, le jour de sa mort, le faubourg Saint-Marceau prouva par ses regrets qu'elle l'avait bien jugé, il ne cessa, pendant sa vie, de subir son ascendant et de rendre hommage à sa puissance.

Mais jamais cette puissance incontestée, cet ascendant universel, cette science incomparable de faire le bien, qui se révélaient à chaque instant et contre toutes les misères, ne se manifestèrent avec plus d'éclat que contre les deux ennemis qui vinrent successivement ajouter des malheurs d'exception aux calamités ordinaires, et accroître le poids déjà si lourd des souffrances du peuple, le choléra et les émeutes.

CHAPITRE XII.

En 1832, on apprit que le choléra était aux portes de la France. Sa marche à travers l'Europe, que rien n'avait pu arrêter, la longue suite de funérailles qui marquait chacun de ses pas, la rapidité et l'infaillibilité de ses coups, sa fatale préférence pour les quartiers insalubres, les maisons malsaines, les corps usés par les excès et la misère, tout le présentait au peuple comme son plus inexorable ennemi. Déjà, sur son passage, il avait éveillé les préjugés absurdes, les atroces soupçons qui à toutes les invasions des maladies pestilentielles s'emparent de l'imagination publique, et font attribuer à la méchanceté des hommes les fléaux de Dieu. Aux nombreuses victimes du choléra s'étaient ajoutées celles de la démence populaire.

La sœur Rosalie était elle-même assaillie de grandes terreurs : elle prévoyait les ravages qu'allait faire la maladie au milieu de son quartier, où le mauvais air, l'insalubrité de la nourriture et du logement lui offriraient une si facile proie dans tant de familles déjà affaiblies par tous les genres de privations et de fatigues. Elle tremblait pour ses pauvres, pour ses sœurs, pour tout le monde; son âme était troublée, et elle priait Dieu d'éloigner d'elle ce calice.

Le jour où le choléra parut, où fut frappée la première victime, toutes ses terreurs disparurent, et elle devint intrépide ; tant que dura la contagion, aucune faiblesse, aucun trouble, aucune peur n'atteignit son âme ; toujours la première à la veille, à la fatigue, à la tête de tous les dévouements qu'elle inspirait, elle anima ses auxiliaires de son esprit de foi et de charité, prêta le concours le plus actif, le plus intelligent aux mesures de l'autorité, aux efforts individuels, organisa les ambulances, utilisa les bonnes volontés, et imprima partout l'ordre, la rapidité et la continuité aux secours.

Au commencement, elle eut grand'peine à dis-

siper les bruits d'empoisonnement et les pensées
de vengeance qui se répandaient parmi le peuple ;
les médecins, les pharmaciens, tous ceux qui s'approchaient des malades, étaient soupçonnés de leur
inoculer le fléau ; les habitants de son faubourg
ne la soupçonnaient pas, et l'exceptaient toujours
dans leur colère ; son nom même servit de protection et de sauvegarde à ceux que poursuivait le
préjugé populaire. Un jour, le docteur Royer-Collard accompagnait un cholérique que l'on conduisait sur un brancard à l'hôpital de la Pitié ; il est
reconnu dans la rue ; aussitôt on crie :

« Au meurtrier, à l'empoisonneur ! »

La foule s'ameute, se presse autour de lui, l'ac-
cable d'injures et de menaces. En vain il soulève le
drap qui cachait le visage du malade, et s'efforce
de prouver qu'en l'accompagnant, le médecin
cherche à le sauver, et non à le faire périr. La vue
du moribond ajoute à l'exaspération, les cris et les
menaces redoublent ; un ouvrier s'élance, un outil
tranchant à la main, lorsqu'à bout d'arguments
M. Royer-Collard s'écrie :

« Je suis un ami de la sœur Rosalie.

— C'est différent, » répondent aussitôt mille
voix : la foule s'écarte, se découvre, et le laisse
passer.

En présence des morts, des agonies, de la désolation de ceux qui survivaient, la sœur Rosalie, si sensible, si facile à émouvoir, demeurait calme, sereine, inébranlable ; elle faisait taire devant le devoir ses émotions et ses larmes, sa charité dominait sa sensibilité ; elle ordonnait tout, soutenait tout, pourvoyait à tout, et planait sur son quartier comme l'ange de la consolation et de l'espérance.

Puis, dès que la tourmente fut passée, elle accepta l'héritage de tous les pauvres gens qui étaient morts ; ouvrière infatigable, elle travailla à la réparation des désastres, à l'adoption des orphelins, au soulagement des veuves, au placement des vieillards restés debout sur les ruines de leurs familles.

En 1849, lors de sa seconde invasion, le choléra fit moins de bruit et de peur ; il n'apportait plus avec lui les terreurs de l'inconnu, et les émotions politiques lui faisaient diversion ; mais il fut plus meurtrier au faubourg Saint-Marceau qu'en 1832.

En un seul jour, dans la paroisse Saint-Médard, cent cinquante décès furent constatés, et l'on ne compta pas les enfants. Pendant plus d'une semaine les sœurs ne se mirent pas à table, et n'eurent pas un moment de sommeil ; à chaque instant la sonnette retentissait, annonçant un nouveau malade, et appelant de nouveaux secours :

comme le mal semblait, plus encore que la première fois, se concentrer dans les quartiers pauvres, frapper dans les caves et les mansardes, épargner les riches, et même, malgré leur dévouement, les médecins et les sœurs, l'opinion s'accrédita que le choléra était une œuvre de la politique et de la vengeance pour rendre le peuple plus docile, diminuer sa force et le punir de la révolution. Il fallut la mort d'un maréchal de France, de plusieurs représentants, de propriétaires et de religieuses pour donner un démenti à ces dangereuses calomnies, et faire reconnaître que les coups ne venaient pas des hommes.

La sœur Rosalie fut en 1849 ce qu'elle avait été en 1832. Avant l'arrivée du fléau, et lorsqu'on annonça son approche, elle ressentit encore des inquiétudes et des angoisses ; dès qu'il parut, elle retrouva son calme et son énergie : personne ne se sentit faible, découragé, fatigué devant son activité et son courage. Chacun se surpassa, parce qu'elle s'élevait au dessus de tout le monde ; sous sa direction et son influence, la charité arracha à la maladie tout ce qu'il était possible de lui enlever, conjura les malheurs évitables, sauva les âmes de ceux dont elle ne put sauver les corps, et lorsque la science et les soins furent impuissants à écarter le deuil d'une maison, elle en éloigna le désespoir.

Le choléra reprit aux yeux de la population son sens et ses redoutables enseignements ; il fit courber les têtes devant la puissance et la justice célestes ; il ramena à l'aveu des fautes, à la reconnaissance du châtiment, et son passage, marqué si souvent par des colères et même des crimes, ne laissa après lui qu'un sentiment de crainte et de repentir vis-à-vis de Dieu, et plus d'admiration, plus de gratitude pour celle qui, pendant ces jours de punition, avait si bien représenté la miséricorde.

Quoique toujours auprès des malades, aucune des sœurs de la rue de l'Épée-de-Bois ne succomba; une seule fut atteinte, et se guérit : c'était la seule qui n'eût pas été en contact avec la maladie, retenue à la maison par un mal de jambe qui lui avait rendu tout mouvement impossible.

Pendant l'invasion du choléra, les auxiliaires du dehors ne firent pas défaut à la sœur Rosalie ; un grand nombre de jeunes gens appartenant à la société de Saint-Vincent-de-Paul se placèrent sous sa direction, et devinrent pour les malades des frères de la charité ; leur zèle ne s'arrêta pas à la ville de Paris. Les usines de Montataire étaient décimées, les soins manquaient aux victimes. Dans le désespoir et la terreur générale, on eut recours à la supérieure de la rue de l'Épée-de-Bois ; elle envoya à Montataire et dans le pays environnant quelques-uns de ses généreux soldats. Animés de son esprit, ils portèrent aux malades les soins, les secours, et les bonnes paroles qui rendent aux découragés la force de se guérir. L'espérance revint avec eux, la foi reparut dans les maisons qu'ils visitaient, et, quelque temps après, l'évêque de Beauvais allait remercier la sœur d'avoir eu pitié d'une partie de son troupeau.

L'asile des Petits-Orphelins fut fondé à cette époque dans la rue Pascal. En quelques jours, soixante-dix-neuf y entrèrent ; la sœur Rosalie était allée dans chaque maison recueillir les enfants à qui le terrible fléau avait enlevé, quelquefois en bien peu d'heures, leur père et leur mère. La charité de Mme Mallet, qui lui avait voué une admiration sans bornes et une extrême affection, lui prêta pour cette fondation un puissant concours. La sœur voulut elle-même présider à l'organisation de tout le service de l'asile, et veiller à ce que rien ne manquât à ses pauvres petits habitants. Elle allait sans cesse de la rue de l'Épée-de-Bois à la rue Pascal, apportant à chaque course quelque idée nouvelle, quelque nouvelle industrie pour répondre aux exigences de cette importante création. Grâce à ses soins et aux généreux sacrifices qu'elle provoqua, l'asile grandit et sortit victorieux des difficultés qui embarrassent les premiers pas de toute œuvre naissante ; bientôt il se trouva trop à l'étroit dans la rue Pascal. Transporté à Ménil-montant, il est resté fidèle aux pieuses traditions de son origine ; son administration intérieure, le régime que suivent les enfants, les soins qui les entourent, la simplicité dans laquelle ils sont élevés, et la prudente pensée qui, après la première communion, les rend autant que possible à la vie commune et à l'apprentissage du dehors, tout porte les traces de l'esprit supérieur qui veilla sur le berceau de cette utile institution, et fit sortir des désastres du choléra une œuvre où les jeunes orphelins trouvent tous les bienfaits d'une salle d'asile.

La sœur Rosalie eut encore à combattre un autre danger, qui plusieurs fois vint compromettre le bien-être déjà si peu assuré de ses enfants : elle lutta avec énergie contre les émeutes et les révolutions. Elle ne les aimait pas en principe, car elle n'attendait rien de bon de ces vagues promesses de liberté qui, pour s'accomplir, ont besoin de la violence et de l'oppression ; elle se défiait de ces progrès de la justice et de la civilisation qui commencent par le renversement de l'ordre et la violation des lois ; mais elle redoutait les agitations politiques, surtout pour son quartier.

Dans les rangs de la société contre lesquels elles semblent plus spécialement dirigées, les émeutes, les révolutions suspendent le profit, diminuent les revenus, forcent de restreindre les dépenses, et introduisent l'inquiétude et la gêne là où régnaient la sécurité et l'abondance ; mais leurs résultats sont bien plus tristes et plus douloureux pour ceux qui vivent à grand'peine du labeur de chaque jour : la moindre émotion dans la rue arrête le travail, et par conséquent le salaire ; elle change les difficultés de la vie en la plus profonde misère.

Quel que soit le sort des mouvements qu'on lui fait faire, le peuple est toujours la dupe et la victime de ces sanglantes comédies : tandis que beaucoup de ceux qui parlent en son nom, qui le poussent à la guerre, qui soufflent à son oreille des pensées de révolutions, se cachent pendant le combat, échappent aux conséquences de la défaite, et se trouvent toujours les premiers pour s'adjuger les bénéfices de la victoire, le pauvre peuple est exposé aux coups sur le champ de bataille, à la prison ou à l'exil s'il est vaincu, à la diminution du travail, et par conséquent des ressources, s'il est vainqueur ; car il faut beaucoup de temps après les succès d'une révolution pour rendre aux capitaux leur sécurité, au commerce son mouvement, à la société son équilibre, et l'ouvrier n'a pas, pour lui faire prendre patience, comme les chefs de partis, les portefeuilles, les places importantes, et sa part dans le budget; puis, après avoir beaucoup souffert et longtemps attendu le jour de la compensation, l'homme du peuple ne le voit jamais venir, et reste ce qu'il était auparavant, un ouvrier, quand il n'est pas devenu un pauvre. Aussi la bonne sœur se servait de toute son influence pour mettre son faubourg à l'abri des passions politiques et des émotions populaires. A force de leur faire du bien, elle avait acquis une immense popularité parmi les habitants de son quartier; ils étaient fiers de leur mère; les plus grossiers étaient polis avec elle, les plus mutins n'en approchaient qu'avec respect; l'émeute ne gronda jamais contre sa maison; le gouvernement lui-même connaissait sa puissance, et regardait son intervention comme la plus sûre barrière contre le désordre.

Pendant les deux révolutions où le peuple eut son heure de souveraineté, en 1830 et en 1848, elle exerça son ascendant au profit de la paix, et sut épargner aux vainqueurs l'abus de leur victoire. Lorsque les révoltés ne reconnaissaient plus d'autre autorité que la leur, ils reconnurent encore la voix de la sœur Rosalie; les jours où la force publique elle-même n'avait plus entrée dans ces rues étroites qui semblaient faites pour les luttes civiles, la sœur entrait à toute heure, exerçait la police, rétablissait l'ordre, arrêtait les barricades en voie de construction, et faisait remettre à leur place les pavés déjà soulevés. Elle arracha plus d'un proscrit à la fureur populaire. Au moment où, victimes des passions et des calomnies anti-religieuses, les prêtres étaient injuriés dans les rues, les églises menacées, l'archevêché pris d'assaut et démoli (1), la maison de la rue de l'Épée-de-Bois servit de retraite à des religieux dont le seul crime était de se dévouer nuit et jour au salut de ceux qui les maudissaient. La sœur Rosalie les cacha, et les traita comme autrefois les saintes femmes cachaient et servaient pendant la persécution les ministres du Seigneur. Elle offrit aussi un asile à Mgr de Quélen, obligé de se cacher dans son diocèse comme un malfaiteur, et qui ne devait reparaître qu'à l'appel du choléra dans la chaire de Notre-Dame, pour se venger de ses persécuteurs en adoptant leurs enfants orphelins.

Quand elle racontait ces scènes d'un autre temps, ces jours passagers d'égarement, elle avait soin de justifier les hommes de son quartier.

(1) La sœur Rosalie avait été avertie du sac de l'archevêché par un pauvre qui, la veille, avait refusé un bon de pain en lui disant: « Ma sœur, nous n'avons pas besoin de cartes, demain nous pillons l'archevêché. »

« Ils ne savaient pas, disait-elle, que nous avions tous ces saints prêtres dans notre maison; mais, s'ils l'eussent su, ils nous auraient aidées à les protéger. »

Et en effet, plus tard, dans une des plus sanglantes journées de juin, des religieuses vouées à l'éducation des petites filles avaient entendu proférer des menaces d'incendie contre leur établissement. Dans leurs inquiétudes mortelles, elles préviennent la sœur Rosalie; celle-ci leur fait dire de se rassurer : le soir même, à sa demande, un poste d'hommes armés était installé devant la maison, et le chef ordonnait à ses soldats de ne faire aucun bruit, de peur de troubler le repos des sœurs et des petites filles. La consigne fut fidèlement exécutée.

Mais sa protection ne s'arrêtait pas à ceux que les émeutes et la révolution triomphante poursuivaient; elle avait aussi compassion des hommes qui, engagés dans les luttes civiles, avaient à rendre compte de leur défaite au gouvernement vainqueur : elle les visitait dans leurs prisons, cherchait à leur être secourable, souvent même parvenait à les sauver. Fidèle à sa mission de représenter la charité sur la terre, elle n'avait qu'un but et qu'une pensée, détourner le coup de la tête qu'on allait frapper, dérober à la poursuite le fugitif, le proscrit. Elle protégeait successivement la société et ceux qu'elle avait vaincus, et arrêtait le bras de toutes les vengeances, quels qu'en fussent la cause ou le prétexte.

Après les émeutes qui agitèrent le commencement du règne de Louis-Philippe, des hommes appartenant aux partis les plus opposés furent accusés d'avoir pris part à la révolte, et condamnés à mort par contumace; plusieurs, poursuivis par la police, s'adressèrent à la sœur Rosalie, dont ils avaient entendu parler, et lui demandèrent de les sauver. La sœur n'écouta que sa pitié, les cacha, leur procura des déguisements, des guides sûrs, et trouva moyen d'en faire évader quelques-uns. Elle fut dénoncée comme coupable d'avoir aidé les rebelles à échapper à la vengeance de la justice; le chef de la police de sûreté, à qui elle avait rendu quelques services, et qui en était très-reconnaissant, vint l'avertir qu'un mandat d'amener allait être décerné contre elle; la bonne sœur ne redoutait pas la prison, mais « elle craignait en y allant, disait-elle depuis, de déshonorer la communauté; » elle n'en persista pas moins dans ses efforts en faveur des condamnés, et parvint encore à faire partir un des plus importants et des plus compromis. Averti de ce fait, M. Gisquet, alors préfet de police, signe l'ordre d'arrestation et le donne à son premier agent pour qu'il soit mis sur-le-champ à exécution. Celui-ci le supplie d'épargner cette injure à la mère des pauvres :

« Son arrestation, ajouta-t-il, soulèverait le faubourg Saint-Marceau, et deviendrait le signal d'une émeute que nous ne pourrions pas réprimer ; tout le peuple prendrait les armes pour elle.

— Cette sœur Rosalie est donc bien puissante ! s'écria le préfet : eh bien, je veux aller la voir. »

Il se rend immédiatement à la rue de l'Épée-de-Bois, traverse la foule qui attendait, comme toujours, à la porte du parloir, et, sans se faire annoncer, demande à parler en particulier à la supérieure. La sœur Rosalie, qui ne l'avait jamais vu, l'accueille avec sa politesse habituelle, le prie d'attendre qu'elle ait fini avec ses pauvres, donne, comme à l'ordinaire, ses charitables consultations, et, l'audience terminée, revient à son visiteur inconnu, s'excuse de l'avoir retenu si longtemps, et lui demande ce qu'elle peut faire pour son service.

« Madame, répond M. Gisquet, je ne suis pas venu vous demander des services, mais plutôt vous en rendre : je suis le préfet de police. »

La bonne sœur redouble de politesse et d'excuses.

« Savez-vous, ma sœur, continue M. Gisquet,

que vous êtes gravement compromise : au mépris
des lois, vous avez fait évader un officier de l'ex-
garde royale, qui, par sa révolte ouverte contre le
gouvernement, avait mérité les peines les plus
sévères ; j'avais déjà donné l'ordre de vous arrêter,
je l'ai retiré à la prière d'un de mes agents ; mais
je viens, et je veux savoir de vous comment vous
avez osé vous mettre ainsi en rébellion contre
la loi.

— Monsieur le préfet, lui répond la sœur Rosalie, je suis fille de la charité, je n'ai pas de dra-
peau, je viens en aide aux malheureux partout où
je les rencontre, je cherche à leur faire du bien
sans les juger, et je vous le promets, si jamais
vous étiez poursuivi vous-même et que vous me
demandiez secours, il ne vous serait pas refusé. »

Dans un temps de révolution, cette parole n'était
pas une promesse vaine. M. Gisquet ne put s'empêcher d'en sourire, et peut-être au fond du cœur
d'en trembler. Une conversation s'établit entre le
préfet et la sœur, où celle-ci s'efforça de faire comprendre au magistrat que la charité n'a pas les
mêmes devoirs que la police, et qu'après une bataille elle est toujours du parti des blessés et des
vaincus. Le préfet de police ne pouvait sur ce point
lui donner raison, mais il fut enchanté de sa franchise ; il n'échappa pas à l'ascendant qu'elle exer-

çait sur tout le monde, la remercia de ses explications, puis, au moment de la quitter :

« Je veux bien fermer les yeux sur le passé, lui
dit-il ; mais, de grâce, ma sœur, ne recommencez
pas, il nous serait trop pénible de sévir contre vous.

— Monsieur le préfet, lui dit la sœur Rosalie en
le reconduisant, en vérité je ne puis vous le promettre ; je sens que si pareille œuvre se présentait,
je n'aurais pas le courage de la refuser : une fille
de saint Vincent de Paul n'a jamais le droit,
quelle qu'en soit la conséquence, de manquer à la
charité. »

La semaine suivante, un des chefs de la Ven-
dée, venu pour la remercier d'avoir donné un asile
et du pain à plusieurs de ses compagnons d'infor-
tune, était chez elle, lorsqu'elle voit entrer le commissaire de police. Cette visite inopportune ne la
trouble pas : d'un signe rapide elle indique au
Vendéen le péril de la situation, la nécessité de
s'éloigner au plus vite, et, par l'intérêt et le
charme de sa conversation, elle parvient à retenir
plus d'une heure le commissaire, qui laissa ainsi
au proscrit le temps d'échapper à sa poursuite.
Quelques jours après, le commissaire de police se
plaignait à la sœur Rosalie du mauvais tour qu'elle
lui avait joué.

« Que voulez-vous, Monsieur, lui dit-elle, je l'ai

fait autant pour vous que pour lui ; j'ai voulu vous épargner le chagrin de le prendre et la peine de le garder : n'ai-je pas bien fait ? »

La sœur Rosalie avait raison ; dans ces temps mobiles et agités, où la roue de la fortune tourne si souvent et si vite, n'est-ce pas rendre service aux hommes qui triomphent que de leur épargner la nécessité de punir aujourd'hui, pour que demain ils ne soient pas condamnés à leur tour ? On en fit bientôt au faubourg Saint-Marceau une petite expérience.

Une mesure imprudente avait soulevé la population contre un agent de l'autorité ; les têtes s'étaient montées, on se réunit devant sa maison, on pousse contre lui des cris et des menaces, il ne savait comment sortir. Il eut la pensée de faire prévenir la sœur Rosalie ; la supérieure accourt, interpelle les turbulents par leurs noms, les gronde de quitter leur travail pour une si méchante œuvre, leur représente le mal qu'ils vont attirer sur eux et sur leurs familles. Sa voix est écoutée, chacun retourne à son ouvrage, le commencement d'émeute se dissipe de lui-même, et le fonctionnaire retrouve sa liberté.

Pendant la disette de 1847, qui prépara la révolution de février, la sœur Rosalie fit des prodiges pour nourrir son peuple ; elle était parvenue à lui

faire prendre patience, et, tout en s'effrayant des
dangereuses doctrines et des menaçantes influences
qui pénétraient dans les esprits à l'aide de la cherté
du pain, elle répondait de la sagesse et de la mo-
dération de son faubourg. 1848 parut d'abord lui
donner raison : dans les scènes qui précédèrent et
accompagnèrent les journées de février, l'insurrection vint d'ailleurs. Le faubourg Saint-Marceau
accepta la république sans l'avoir provoquée, et ne
mêla à sa provocation rien de ce qui devait rappeler les sanglants souvenirs de la première révolutions (1). Les débuts se passèrent dans un mélange
d'illusions et de souffrances; nulle part le travail
ne fut plus atteint, la misère plus profonde; nulle
part on ne souffrit plus de la suspension du commerce et des réductions de la fortune publique et
privée. Ce qui était gêne partout, était dans ce
quartier la plus affreuse des détresses; mais l'orgueil de la souveraineté imposait silence à la
plainte, et les aspirations vers un riant avenir
faisaient supporter patiemment les privations du
moment. La sœur Rosalie redoublait d'efforts, pro-

(1) En apprenant le renversement du gouvernement et
l'effervescence du peuple, une des sœurs s'était écriée en
parlant des hommes du faubourg : « Oh ! ma mère, comme
ils vont être méchants ! — Et nous, répondit la sœur
Rosalie, comme nous allons être bonnes ! »

diguait ses paroles encourageantes, ses conseils bienveillants, tirait des fortunes réduites, des bourses diminuées, de quoi tromper, sinon apaiser la faim, pourvoyait aux besoins les plus pressants, et renouvelait le miracle de la multiplication des pains. De leur côté, ses voisins, ceux mêmes qui passaient pour les plus exaltés, se firent les gardiens et les protecteurs de la communauté. Pendant plus d'un mois ils montèrent la garde à sa porte nuit et jour; l'un d'eux, dans l'ardeur de son zèle pour la défendre, manqua de faire feu sur l'aumônier de la maison, venu à la pointe du jour en habit laïque pour dire la messe : il l'avait couché en joue, persuadé qu'à cette heure on ne pouvait venir chez la sœur qu'avec de mauvaises intentions.

Malheureusement, au douzième arrondissement comme dans les autres, chaque cabaret devint un club où l'ouvrier, n'ayant plus rien à faire, passait la journée. Dans un club, l'homme ne se possède plus; enivrée de déclamations et de sophismes, son intelligence chancelle, et sous l'impression de discours qui troublent ses idées, font bouillonner ses passions et lui donnent le vertige, sa personnalité s'efface et disparaît, il n'est plus qu'un atome de cette foule aveugle qui s'émeut et s'irrite sans avoir la conscience de son émotion et la raison de sa colère. Ces voix confuses, dont chacune isolée était pacifique, poussent ensemble un rugissement; ces bras qui ne se levaient dans l'atelier que pour le travail, s'agitent en masse pour la destruction et le meurtre; l'ambition de quelques-uns sait donner une passion à cette force immense, une expression à cette immense voix, et chacun, absorbé dans l'ensemble, devient entre les mains des agitateurs l'élément d'une émeute, le pavé d'une barricade, la machine d'une révolution.

Le faubourg Saint-Marceau ne put échapper à cette fatale ivresse, il eut comme les autres ses journées de juin; la bataille y fut meurtrière.

Beaucoup figurèrent malgré eux derrière les barricades, car dès le premier jour le quartier avait été mis en état de siége par l'insurrection, l'ordre fut donné de prendre les armes; des chefs inconnus parcoururent d'étage en étage ces maisons si peuplées, arrachèrent l'ouvrier à son lit, l'enrôlèrent de force dans une troupe qui attendait à la porte, lui mirent un fusil entre les mains avec menace de le fusiller s'il n'en faisait pas usage, et le condamnèrent ainsi à l'homicide sous peine de mort. La figure sinistre, l'action terrible de ceux qui vinrent prêcher la révolte, frappa tellement la sœur Rosalie, que plus tard, en racontant les tristes incidents de ces journées, elle disait :

« Je crois que, si à ce moment on était descendu en enfer, on n'y aurait pas trouvé un seul diable, ils étaient tous dans nos rues : jamais je n'oublierai leurs visages. »

Mais, il faut le dire, un assez grand nombre d'ouvriers bien connus de la sœur n'avaient pas attendu la violence pour descendre dans la rue ; habitués depuis février à une domination qui n'avait pas encore rencontré de resistance, inquiétés sur leurs droits et leurs conquêtes par d'insidieuses calomnies, ils avaient considéré la dissolution des ateliers nationaux comme une usurpation de leur souveraineté, et se faisaient gloire de mourir et de tuer pour la république démocratique et sociale.

Il y en avait aussi plus qu'on ne pense qui n'ont jamais bien su pourquoi ils s'étaient battus : le bruit de la fusillade et l'odeur de la poudre leur étaient montés à la tête, ils avaient crié et frappé comme les autres.

Dans ces moments suprêmes où l'air est enflammé, où le vent souffle à la guerre, la destinée de chacun est à la merci du plus minime incident ; le promeneur inoffensif, le spectateur amené par la curiosité s'insurge et prend les armes pour un geste ou une parole qui l'a blessé.

En ce jour la sœur Rosalie et ses compagnes furent elles-mêmes sous les armes ; elles n'avaient pu empêcher le combat, elles voulurent du moins en adoucir les rigueurs et diminuer le nombre des victimes. La maison de secours devint une ambulance où les blessés des deux partis recevaient les soins d'une charité qui ne distingue plus en présence des blessures et de la mort.

Dès le matin, beaucoup de femmes étaient venues en pleurs confier leurs maris à la garde des sœurs pour les enlever à la pression tyrannique des chefs de l'insurrection, et les éloigner du champ de bataille. Les caves, les greniers, toutes les chambres non apparentes de la maison étaient pleines de pauvres gens qui fuyaient moins le danger que la révolte, moins la mort que le meurtre (1). A chaque minute étaient transportés dans la cour hospitalière, dans la pharmacie, ouverte ordinairement à des maladies plus pai-

(1) Lors du désarmement qui suivit les journées de juin, le commissaire de police, en se présentant à la maison de secours, dit à la supérieure qu'il ne venait que pour la forme, et qu'il ne cherchait pas des armes chez elle. « Vous auriez tort, lui répondit la sœur, nous en avons beaucoup. » Et elle lui remit une grande quantité de fusils et de sabres amoncelés dans une des salles de sa maison.

C'étaient les armes déposées par les ouvriers qui étaient venus lui demander un refuge pendant la bataille, et celles qu'en prévision du conflit elle avait arrachées elle-même des mains de gens qui auraient pu en faire mauvais usage.

sibles, des blessés encore tout animés du feu du combat ; les sœurs reconnaissaient dans ces victimes des hommes qu'elles avaient visités, et qui étaient venus dans des jours meilleurs demander des conseils ou remercier d'un secours. Elles tâchaient, en leur prodiguant des soins trop souvent inutiles, de glisser une parole de conciliation, d'inspirer des pensées plus douces et de ramener un peu de miséricorde dans ces âmes qui allaient en avoir si grand besoin. Souvent leurs efforts échouaient contre l'exaltation de la colère ; elles ne pouvaient arrêter sur les lèvres mourantes une dernière malédiction ; mais quelquefois aussi la vue de la sœur, de la croix qu'ils avaient autrefois bénie, le son d'une voix connue et aimée, apaisaient l'irritation, faisaient succéder des soupirs aux cris de rage, et arrachaient une de ces paroles, une de ces larmes qui, à l'heure suprême, font trouver grâce aux plus coupables.

Au plus fort de la lutte, un officier de la garde mobile, qui avait bravement combattu une partie de la journée, conduit ses soldats à l'attaque d'une barricade de la rue Mouffetard, placée à l'angle de la rue de l'Épée-de-Bois, et monte le premier à l'assaut ; une décharge meurtrière partie des rangs des insurgés, sans l'atteindre, arrête la troupe qui le suit : emporté par son élan au-dessus de la barricade, il se trouve seul de l'autre côté. Cerné de toutes parts, ne pouvant espérer secours de ses soldats, qui le croient mort, dans l'impossibilité de résister à la foule de ses ennemis, il n'a que le temps de s'élancer dans la rue de l'Épée-de-Bois, et, trouvant ouverte la porte de la maison de secours, se précipite au milieu des sœurs comme dans un refuge que lui offre la Providence. Une bande d'insurgés l'a reconnu, se met à sa poursuite, et arrive presque en même temps que lui. A la vue de cet homme isolé, sans espoir, livré à une troupe altérée de sang, toutes les sœurs, la supérieure en tête, se jettent par un mouvement instinctif entre la victime et les meurtriers. Devant ce rempart inattendu, les insurgés s'arrêtent un moment; ils connaissaient tous la sœur Rosalie, et commencent avec elle une négociation à haute voix, où pendant plus d'une heure la charité dispute la vie d'un homme à la vengeance. Les assaillants sont inexorables, et mêlent les plus atroces menaces contre leur ennemi aux expressions de respect pour celle que, jusque dans leurs emportements, ils appellent encore leur mère.

« Nous voulons notre prisonnier, s'écrient-ils, il n'a cessé de faire massacrer nos frères; sa mort seule nous vengera de tout le mal qu'il nous a fait.»

Comme la sœur leur exprime son horreur de voir

ensanglanter le sol de sa cour et tuer un homme désarmé dans cette maison de miséricorde :

« Laissez-nous le prendre, nous ne le tuerons pas ici, nous le conduirons dans la rue, il y recevra la peine de son crime. »

Et malgré les prières, les supplications, les promesses, malgré le plus touchant appel à la pitié, les insurgés avancent toujours réclamant leur proie, et resserrant le cercle qui les en sépare ; déjà, pour atteindre plus sûrement le but, le canon des fusils s'appuie sur l'épaule des sœurs, les doigts sont sur la détente, le coup mortel va partir, lorsque la sœur Rosalie, se jetant elle-même à genoux :

« Voilà cinquante ans, s'écrie-t-elle, que je vous ai consacré ma vie ; pour tout le bien que j'ai fait à vous, à vos femmes, à vos enfants, je vous demande la vie de cet homme ! »

A ce spectacle, à ce cri, les armes se relèvent, la troupe recule comme frappée de repentir, un hourra d'admiration s'échappe de ces lèvres noires de poudre, des larmes d'attendrissement coulent de ces yeux tout à l'heure impitoyables. Le prisonnier était sauvé.

Deux jours après, l'ordre avait triomphé, la justice reprenait son cours, et les insurgés attendaient dans les prisons la peine de leur sédition vaincue. La cour de la maison de la rue de l'Épée-de-Bois était pleine de femmes, d'enfants qui redemandaient leurs maris, leurs pères, et n'avaient plus d'espoir que dans la sœur Rosalie ; celle-ci pleurait en cherchant à les rassurer, et leur promettait d'intercéder en leur faveur. A force de démarches et de prières, elle obtint l'élargissement de ceux qui n'avaient été qu'entraînés ; elle alla dans les prisons et les forts consoler les plus coupables dont elle n'avait pas pu gagner la liberté. Ange de consolation entre eux et leurs familles, elle rapportait souvent des deux côtés des espérances qui suspendaient un instant leurs douleurs.

Parmi les prisonniers se trouvait un ouvrier laborieux auquel la sœur Rosalie s'intéressait beaucoup ; avant la révolte, il passait pour un des hommes les plus honnêtes du quartier ; mais il avait cédé à un mouvement de délire, et des charges très-graves pesaient sur lui ; toutes les démarches, toutes les sollicitations en sa faveur avaient été inutiles : il n'avait plus à attendre qu'une prochaine et terrible condamnation.

Sa fille, âgée de cinq à six ans, pleine de gentillesse et de grâce, suivait l'école des sœurs ; elle y venait pleurer tous les jours ; depuis l'arrestation de son père, rien ne pouvait la consoler. Sur ces entrefaites, le général Cavaignac vient voir la sœur Rosalie ; elle le conduit à l'école, et appelant la petite fille : « Mon enfant, lui dit-elle, voilà un monsieur qui, s'il le veut, peut vous rendre votre père. »

A ces mots, l'enfant s'agenouille, joint les mains, et, d'une voix entrecoupée de sanglots :

— O mon bon monsieur, s'écrie-t-elle, rendez-moi mon papa; il est si bon! nous avons si grand besoin de lui!

— Mais, dit le général, il a sans doute fait quelque chose de mal?

— Non, bien sûr, maman m'a dit que non; et d'ailleurs, je vous le promets, il ne le fera plus; grâce! grâce! rendez-le-moi, je vous aimerai bien. »

Les regards suppliants de la sœur appuyaient les paroles de l'enfant : on eût dit un ange inspiré par une sainte. Le général sortit très-ému, et peu de jours après le prisonnier était rendu à sa famille, heureux d'avoir eu pour plaider sa cause deux avocats qui n'en perdent guère, l'innocence et la charité.

Quelques jours après la bataille, l'administration, justement préoccupée de la misère qui devait en être la suite, et de l'état de souffrance et d'excitation des familles dont les chefs étaient prisonniers ou fugitifs, ordonna de larges distributions de secours dans le douzième arrondissement; mais le désir de soulager rapidement des gens menacés de mourir de faim entraîna d'immenses abus : on vit alors des habitants d'arrondissements lointains venir chercher en omnibus les cartes qui se délivraient sans examen et sans contrôle ; d'autres, sans se déranger, louaient des habits qui leur permettaient de se présenter plusieurs fois au même bureau, en cachant sous la variété du costume l'identité de la personne. Le maire, qui avait exercé si souvent la charité envers les pauvres aliénés, et aimait à suivre les inspirations de la sœur Rosalie, s'entendit avec elle pour corriger les erreurs de ce premier moment, et faire produire à la générosité de la ville de Paris des fruits d'apaisement et de réconciliation. Des hommes de cœur et de bonne volonté acceptèrent la mission de visiter les maisons de ces quartiers où la guerre civile avait sévi, d'y découvrir les misères qui avaient peur de se trahir, et de porter, avec les secours, de douces et bienveillantes paroles. La sœur Rosalie donna elle-même la pensée de cette organisation, la fit fonctionner dans sa division, seconda les visiteurs de son zèle et de son expérience, et contribua grandement au succès de l'œuvre.

L'opinion publique, excitée par les derniers événements, s'inquiétait beaucoup de ces visites. A l'entendre, la haine, la vengeance, toutes les passions coupables qu'inspire la défaite dans un mau-

vais cœur, s'étaient réfugiées là. D'atroces menaces
attendaient l'audacieux qui viendrait substituer à
la dette de l'État l'aumône humiliante de la charité, et les avis les plus fraternels avaient la chance
d'être accueillis à coups de fusil. La sœur Rosalie
ne partageait aucune de ces craintes ; elle assurait
que, sauf de rares exceptions, les visiteurs seraient
bien reçus, et que l'homme mêlé à la foule dans
une réunion politique ou derrière une barricade,
n'était plus le même dans sa chambre, à côté de sa
femme, entouré de ses petits enfants. Dans sa famille, en effet, l'homme se retrouve avec sa conscience, ses bons instincts, sa puissance d'affection
et de dévouement ; le père se montre digne,
laborieux, sévère, parce qu'il se sent responsable
de l'avenir de ceux qu'il aime ; à la vue de ses
enfants, s'apaisent les orages qui grondaient au
fond de son âme. Qu'un ami inconnu se présente
alors, s'enquière du travail, de l'âge des enfants,
réponde plus qu'il n'interroge, écoute plus longtemps qu'il ne parle, compatisse à la souffrance,
comprenne les plaintes, et montre les imperfections de la société, de cette grande accusée de
toutes les douleurs et de tous les crimes, non
comme un bien, mais comme une infirmité, attachée à notre nature incapable de s'élever aux
perfections que nous aimons à rêver tous, il est

bien accueilli, les cœurs s'épanouissent à sa parole, il est initié aux mystères de la famille, il
découvre des vertus secrètes, des délicatesses cachées, des actes d'abnégation et de probité qu'il
n'aurait jamais soupçonnés. En comparant cette
heure passée dans une conversation intime avec
les émotions du club et les agitations de la place
publique, il s'expliquera le contraste qui se rencontre à chaque pas dans l'existence du peuple,
mélange étonnant de résignation et de révolte, de
générosité et de violence, capable à la fois des plus
grands excès et des plus héroïques vertus.

L'événement prouva que la confiance de la sœur
ne l'avait pas trompée : pendant plusieurs mois la
charité, réparant les ruines, consolant les deuils,
apaisant les colères, prit possession de toutes ces
rues qui portaient encore les traces de la terrible
bataille, fut accueillie avec reconnaissance, ramena des sentiments pacifiques dans ces cœurs
ulcérés, et changea en affection les rancunes et les
préventions les plus redoutables.

Ce fut dans une de ces visites qu'un élève de la
sœur Rosalie rencontra un artiste distingué, un
contre-maître habile, que son intelligence et son
industrie plaçaient à la tête des ouvriers de Paris.
Emporté par le mouvement de février, il avait
quitté l'usine pour le club, le travail pour la poli-

tique, s'était nourri de tous les systèmes socialistes, de toutes les théories humanitaires, et, pour les faire triompher, avait pris les armes aux journées de juin. Depuis la défaite, il vivait dans une mansarde avec sa femme malade, ses enfants affamés, sans appeler un médecin, sans parler à personne, sans rien faire pour combattre la maladie et la misère. Le visiteur eut grand'peine à obtenir que la porte lui fût ouverte. L'ouvrier, l'œil hagard, la barbe longue, les vêtements et les cheveux en désordre, ne le reçut qu'en murmurant, ne l'introduisit qu'avec répugnance ; ses questions furent d'abord repoussées comme indiscrètes ; ses offres de secours parurent des humiliations ; quand, avec le tact que donne l'esprit de chrétienne fraternité, et la persévérance que ne décourage aucun mauvais accueil, il fut parvenu à détendre cette humeur altière, et qu'un peu de confiance fit déborder l'amertume accumulée au fond de ce cœur, le contre-maître étala les griefs qu'il nourrissait contre la société ; il reprocha à son organisation actuelle tous les malheurs, tous les désordres qui troublent le monde, et la rendit responsable du sang versé pour la détruire ; puis, entraînant son interlocuteur dans un cabinet obscur où gisaient sur la paille sa femme malade, ses enfants criant la faim :

« Voyez, lui dit-il, ce que la société a fait de ma famille! comment voulez-vous que je ne la poursuive pas de ma haine, que je ne mette pas tous mes efforts à la renverser? »

Le jeune homme ne s'indigna pas de ces exclamations, ne se heurta pas contre cette colère; mais il adressa quelques bonnes paroles à la femme, s'enquit de ses souffrances, fit taire, en les caressant, les plaintes des enfants; puis, faisant tomber doucement la conversation sur l'histoire de la jeunesse, du mariage, des anciens travaux de l'ouvrier, il l'amena, sans qu'il s'en aperçût, à convenir qu'à cette époque de rudes labeurs et de journées bien employées, la vie était plus douce et l'avenir plus riant qu'aujourd'hui, qu'il était plus heureux avant de songer à changer le monde et d'apprendre dans les livres et dans les discours ce qui manquait à son bonheur. Ce retour au souvenir des premiers succès, des premières joies, fit trêve un instant aux irritations du présent; lorsque son visiteur le quitta, après un long entretien, l'ouvrier avait consenti à recevoir, comme un prêt qu'il rendrait sur son premier salaire, l'argent destiné à payer le médecin et le pain; et en reconduisant celui qu'il avait d'abord si mal reçu, il le salua avec une politesse dont la réserve un peu affectée déguisait mal un commencement de reconnaissance.

A la fin de chaque journée, les visiteurs se réu-
nissaient à la maison de secours pour rendre compte
de leurs courses; celui-ci, encore tout ému de la
découverte qu'il venait de faire, la raconta avec
chaleur, fit partager à ceux qui l'écoutaient sa pitié pour cette pauvre famille, victime de tant de
préjugés et d'illusions, et obtint de la bourse commune une somme assez forte pour parer à des besoins que chaque instant devait aggraver. Quoique
déjà l'heure fût avancée, il ne voulut pas remettre
au lendemain sa douce mission, et revint frapper
à la porte de son nouvel ami. Celui-ci le reçut plus
gracieusement que le matin, mais non sans témoigner quelque étonnement de son prompt retour; le
jeune homme le lui expliqua d'un mot.

« Cette société dont vous me disiez tant de mal,
lui dit-il en souriant, n'est pas aussi mauvaise que
vous le pensiez; elle a encore de bonnes gens qui
ne sont pas insensibles aux maux de leurs frères.
Je leur ai raconté que l'un d'eux était momentané-
ment dans la gêne, qu'il avait besoin d'une petite
avance pour reprendre son travail; ils se sont em-
pressés de mettre cette avance à ma disposition, et
j'ai voulu me donner dès ce soir le plaisir de vous
la porter moi-même. »

Ces paroles firent tomber toute la réserve de
l'ouvrier; il saisit la main de son jeune visiteur,

la lui serre affectueusement, et, les larmes aux yeux, la voix profondément émue :

« Oh! Monsieur, lui dit-il, je suis sûr que vous n'êtes pas riche; si vous l'étiez, vous n'auriez pas fait ce que vous venez de faire. »

Il y a dans cette exclamation une révélation douloureuse, car elle exprime la pensée d'un grand nombre. Aux yeux d'une partie du peuple, aveuglée par une injuste prévention, le riche est incapable de générosité et de grandeur d'âme, et la vertu, incompatible avec la fortune; mais il faut le reconnaître, cette injustice, cette animosité contre la richesse fait un triste contre-poids à une autre injustice, à une autre animosité. Au milieu de la nation, il s'est formé deux peuples et comme deux familles qui se croient, qui se disent ennemies, et ne voient que les torts et les vices de leurs adversaires; ils semblent mettre leur joie à découvrir des motifs de les condamner et de les haïr; et comme l'humanité, à tous les degrés, ne manque jamais de faiblesses et même de crimes, il est facile de trouver des prétextes à la haine, et de justifier les préventions. Il y aura toujours des avares insensibles aux maux de leurs frères, des superbes qui insulteront à leur misère, des ambitieux qui s'en feront un marchepied; toujours aussi, des envieux avides de renversement au profit de leur débauche et de leur paresse, seront prêts à s'élever, non par leur travail, mais sur les ruines des autres, et chercheront une facile fortune dans les désordres et les révolutions. A côté de ces griefs et de ces abus de la richesse et de la pauvreté, les uns oublient combien, au milieu de ce monde que l'on croit enivré de luxe et prêt à tout sacrifier à ses plaisirs, il se fait de bonnes œuvres, il se fonde d'institutions charitables; combien, parmi les heureux du siècle, se dévouent, prêtres et religieuses, à l'instruction de toutes les ignorances, au soulagement de toutes les misères; combien se plaisent, hommes et femmes du monde, à s'occuper des faibles, à secourir les malades, à faire dans leurs plaisirs et leur bien-être la part de celui qui souffre. Les autres méconnaissent trop souvent les bonnes qualités de ce peuple qu'ils accusent et dont ils ont peur; on ne voit que son ingratitude envers des bienfaits souvent mal donnés, on ne tient pas compte de sa reconnaissance pour les dons qui viennent du cœur; on dénonce les colères et les révoltes de quelques mauvaises journées, mais on se tait sur le courage, la résignation de tous les jours, et l'on ne regarde pas ce que le peuple fait à chaque heure pour racheter les maux qu'ont entraînés ses passions, son ignorance, son impatience de la discipline et de l'ordre; des enfants sont adoptés par de pauvres gens qui peuvent à peine élever leur famille ; le repos de la nuit, si nécessaire après de rudes travaux, est sacrifié auprès du lit d'un pauvre malade ; enfin des millions d'infortunés sont sauvés quotidiennement par la charité populaire. Sans elle, dans la capitale, un grand problème serait insoluble. Beaucoup de familles ne parviennent pas à tirer le strict nécessaire de leur travail imparfait, et de tous les dons réunis de la bienfaisance publique et privée ; un déficit se trouve toujours entre leurs ressources et les dépenses qu'il leur faut faire pour ne pas mourir de faim et de froid, et ce déficit est comblé par la générosité des voisins, presque aussi pauvres que ceux qu'ils secourent

Pendant sa longue carrière, la sœur Rosalie s'est attachée à combattre ces mutuelles préventions qui portent en germe une guerre sociale. Elle travaillait sans relâche à faire revenir les riches et les pauvres de la rigueur et de l'injustice de leurs jugements ; elle les rapprochait, les mêlait ensemble dans son affection et ses œuvres, parlait toujours aux uns du mérite des autres, et ne perdait pas une occasion de faire rendre à tous la justice, bien plus difficile à obtenir que la charité.

CHAPITRE XIII.

VERTUS DE LA SŒUR ROSALIE.

Pour acquérir une grande influence, attirer l'affection de quiconque s'approche de vous, et changer en amis après quelques moments d'entretien les indifférents et même les adversaires, la sainteté elle-même ne suffit pas; beaucoup de sœurs et de religieux se sont voués sans réserve au service de leurs frères, et n'ont pas exercé d'ascendant sur le monde. Leur dévouement a gagné le ciel, il n'a pas gagné la terre : l'empire sur les âmes demande quelque chose de plus.

Quand Dieu voulut avoir des enfants, des amis parmi les hommes, et que sa religion devint une loi d'amour, non de crainte, il se fit homme lui-même, et prit nos douleurs, nos besoins, nos larmes et nos misères : pour que la vertu soit aimée et puissante en ce monde, il faut que l'humanité se retrouve encore sous l'inspiration divine.

Tel était le caractère des vertus de la sœur Rosalie. Sa charité était puisée à la source la plus haute et la plus pure, elle dérivait directement du cœur de Jésus-Christ, elle avait toutes les conditions demandées par l'apôtre saint Paul ; mais elle était humaine en même temps que céleste : la sœur aimait les pauvres en Dieu, comme les membres souffrants du Sauveur ; elle les aimait encore comme une mère aime son enfant, avec son cœur et son sang, avec ses émotions et ses larmes ; elle avait de la sainte l'abnégation, le dévouement surnaturel ; elle avait de la femme les exquises délicatesses et les faiblesses sublimes. Familiarisée depuis longtemps avec toutes les douleurs, elle était jusqu'à la fin de sa vie aussi sensible au spectacle de la souffrance que le premier jour : la vue d'une blessure saignante lui faisait mal, elle pleurait au convoi de ses pauvres. Identifiée avec chacune des nombreuses familles qui lui étaient confiées, elle avait faim et froid avec elles, passait par toutes les alternatives de leurs tristesses et de leurs joies, et éprouvait une si grande satisfaction à les soulager, qu'elle ne croyait pas, disait-elle naïvement, devoir jamais en recevoir la récompense. Elle a pu dire aux jours de sa cécité :

« Dieu m'a rendue aveugle, parce que j'avais trop de plaisir à voir mes pauvres. »

Les pauvres étaient la pensée de tous ses moments ; la nuit, le jour, elle avait devant les yeux leurs besoins, leur détresse ; comme le Seigneur, elle portait le fardeau de leurs fautes, et aurait voulu les expier par ses souffrances. Plusieurs fois, à l'heure du dîner, il lui était impossible de se mettre à table.

« Il y a quelque chose qui m'étouffe, disait-elle en remettant sa serviette, et m'enlève tout appétit, c'est l'idée que tant de familles manquent de pain.»

Lorsqu'elle fut opérée de la cataracte, le chirurgien lui demanda immédiatement après comment elle s'était trouvée pendant l'opération.

« Je n'ai pas souffert de votre main, répondit-elle, mais je ne pouvais m'empêcher de penser que mes pauvres n'étaient pas si bien traités que moi. S'ils ont une opération à subir, il leur faut aller à l'hôpital, quitter leur famille ; ils ne sont pas entourés, comme moi, de leurs sœurs et de leurs amis, et cette pensée me faisait mal. »

Cette préoccupation la suivait encore sur son lit

de mort ; dans le délire de son agonie, au milieu
des mots sans suite, des phrases incohérentes, un
mot revenait sans cesse, on ne distinguait qu'une
seule idée : la visite, le soin des pauvres. La maladie dominait son intelligence, elle ne pouvait
dominer sa charité.

Aussi cette charité ne se contentait pas de bra-
ver l'insurrection un jour d'émeute, la contagion
un jour de choléra, et de fermer la porte de son
quartier à la famine et à la révolution ; elle était
de tous les instants et de tous les détails : aussi
aimable que puissante, aussi gracieuse qu'énergique, elle était prodigue d'attentions, d'aménités,
de prévenances envers le dernier des indigents,
cherchait à le contenter comme à le secourir, à
écarter de lui le plus petit chagrin, à lui épargner
la plus légère contrariété. Elle s'arrêtait dans la
rue pour faire sourire un enfant en larmes, et se
montrait d'une infatigable indulgence pour les
moindres fautes, souvent plus difficiles à pardonner que les grandes.

La sœur Rosalie n'aimait pas cette bienfaisance
triste et sévère qui ne cesse d'accuser ceux qu'elle
secourt, et leur fait payer ses bienfaits par la du-
reté de ses jugements. On avait donné à une
pauvre femme une bague pour l'échanger contre
du pain ; celle-ci, qui la trouvait charmante, n'eut

pas le courage de s'en séparer, et ne résista pas au plaisir de la mettre à son doigt. On s'en aperçut, et l'on s'en plaignit à la sœur, qui répondit :

« Il faut lui pardonner d'avoir voulu porter un bijou, c'est peut-être la seule joie qu'elle ait eue dans sa vie. »

Une famille avait lassé par ses exigences et ses importunités la bonne volonté de tout le monde ; la sœur chargée de la visiter voulait s'adresser à l'œuvre des départs pour la renvoyer dans sa province ; la supérieure ne le voulut pas.

« Ce serait, dit-elle, se décharger d'une croix lourde et ennuyeuse : je craindrais de manquer à Dieu. »

Un jour, pendant le dîner des sœurs, un homme entra dans le parloir, qui, par extraordinaire, était vide ; une somme d'argent destinée aux pauvres se trouvait dans le secrétaire, et lorsqu'on sortit de table on s'aperçut que cette somme avait disparu. Ce fut une clameur universelle contre le misérable qui n'avait pas craint de porter la main sur le bien des pauvres ; chacun témoignait son indignation et désirait qu'un tel crime ne restât pas impuni. La sœur Rosalie, en racontant l'accident, ne parlait jamais du voleur que pour dire :

« Heureusement il n'a pas été pris. »

S'il lui arrivait de témoigner la moindre impatience, de répondre un peu vivement à quelque demande importune, elle en ressentait un tel chagrin, qu'elle voulait en faire réparation immédiate en doublant le secours que l'on réclamait. Les bonnes gens connaissaient son faible ; lorsqu'ils voulaient une chose difficile à obtenir, ils se disaient, en riant :

« Tâchons de fâcher notre mère ; nous sommes sûrs de réussir. »

Elle avait un tel désir de bien traiter ceux qu'elle appelait ses enfants, qu'elle ne croyait jamais avoir assez fait pour eux. Souvent, après ses audiences, elle disait à ses sœurs :

« Vous avez vu comme j'ai été mal pour ce pauvre homme, comme j'ai manqué envers lui de douceur et d'égards. »

Celles-ci, qui n'avaient remarqué dans ses paroles et ses manières que sa bienveillance habituelle, lui représentaient en vain qu'elle se faisait illusion, qu'elle n'avait aucun tort à se reprocher. La sœur Rosalie se plaignait de leur défaut de franchise ; plusieurs fois elle voulut elle-même demander pardon à ceux qu'elle croyait avoir offensés. Les indigents les plus exigeants, les plus portés à murmurer contre les sœurs, ne la quittaient jamais mécontents, ne se plaignaient jamais d'elle. Aussi, lorsqu'ils recevaient ses excuses, ils

les prenaient pour une leçon indirecte qui leur
était adressée, une manière douce et détournée de
leur faire comprendre qu'ils avaient manqué de
reconnaissance et de politesse ; ils s'en allaient en
disant :

« La bonne mère s'est trompée, jamais nous
n'avons eu l'intention de lui manquer. »

En vrai fille de saint Vincent de Paul, elle n'hésitait pas, malgré sa profonde piété, à tout subor-
donner au service de ses malades : elle demanda
souvent à ses sœurs de ne pas aller à la chapelle
pour l'accompagner dans ses visites charitables.

« Sachons, leur disait-elle, comme nous l'enseigne notre saint patron, quitter Dieu pour Dieu,
et la prière pour les pauvres. »

Elle enlevait même quelquefois une sœur à sa
classe pour des circonstances graves et pressantes ;
elle prévenait alors les enfants et leur recommandait d'être sages pendant que leur maîtresse allait
faire du bien à de pauvres gens du voisinage ; les
petites filles restaient silencieuses, comme si elles
avaient voulu par leur recueillement s'associer à
la bonne œuvre.

Plusieurs fois aussi, après avoir reproché à de
jeunes sœurs d'aller trop vite dans leur distribution, de n'avoir pas su résister aux solliciteurs, et
de n'avoir rien conservé pour le lendemain, la

sœur Rosalie voulait prendre leur place et distribuer elle-même les secours : avant le milieu du jour elle avait tout donné, et quand on lui faisait apercevoir qu'elle n'avait pas été plus économe que ses filles, son cœur trouvait toujours d'excellentes raisons pour excuser sa prodigalité ; puis elle ajoutait :

« S'il ne nous arrive rien pour la distribution de demain, nous en serons quittes pour vendre nos chaises. »

Le produit en aurait été mince, mais avant le soir, il arrivait toujours quelque chose à la maison.

Son affection pour les malheureux était mêlée d'un grand respect ; elle avait une grande foi dans la vertu des prières de ceux qui souffrent ; elle les croyait tout-puissants auprès de Dieu, c'était à eux qu'elle recommandait le succès des entreprises qu'elle voulait faire réussir, le raffermissement des santés qui lui étaient chères ; quand on lui apportait quelque aumône, quand on avait fait quelque bonne œuvre, elle vous remerciait en disant :

« Mes malades et mes vieillards prieront pour vous.

Pendant sa longue carrière, malgré les invitations et les appels du dehors, elle ne dépassait les limites de son faubourg que pour aller à la maison mère, ou visiter ses amis malades. Après avoir habité Paris pendant plus de cinquante ans, elle n'en avait vu ni les promenades, ni les monuments, ni la plus grande partie des quartiers ; elle n'en connaissait que les maisons où l'on souffre, où l'on pleure, où il y a quelque secours à porter ou à demander. Deux fois seulement elle consentit à s'éloigner de Paris, à sortir, comme elle le disait, du fourreau de son Épée-de-Bois : elle alla un jour à Versailles avec la supérieure générale de son ordre, qui le lui avait demandé ; une autre fois à Orléans, faire visite à Mgr de Varicourt, pour lequel elle avait conservé la plus grande vénération. Elle ne voulut pas loger à l'évêché, par humilité, et descendit chez des religieuses. A la fin de la journée, elle pleurait parce qu'elle n'avait plus de pauvres autour d'elle ; il fallut, pour la consoler, lui en aller chercher par la ville ; et elle prit un si grand intérêt à la misère de quelques-uns, qu'en partant elle les fit monter en voiture avec elle, et voulut les emmener à Paris, afin de pouvoir leur faire du bien tout à son aise.

Mais jamais tout ce qu'elle avait de tendresse au fond du cœur ne s'est mieux montré que dans ses rapports avec les sœurs qui appartenaient à sa maison. A son entrée au faubourg Saint-Marceau, elle avait pris pour la sœur Tardy une telle affection, qu'elle fut inconsolable lorsque celle-ci quitta la maison de secours pour aller à l'hospice des Ménages. Elle avouait que pendant plusieurs années elle avait peine à pardonner aux sœurs des Ménages de lui avoir enlevé sa chère supérieure ; tout ce qui venait d'elle lui était devenu sacré. La nouvelle supérieure voulut combattre cet attachement trop vif ; elle fit disparaître ce qui pouvait rappeler la sœur Tardy. La pauvre sœur Rosalie, au désespoir, à qui l'âge et l'habitude de se vaincre n'avaient pas encore inspiré la plénitude de la résignation, n'avait pu sauver de la proscription qu'un soulier qui avait appartenu à celle qu'elle avait tant regretté ; elle le gardait avec le plus grand soin, et, pour qu'il ne lui fût pas ravi, elle le cachait au fond de son lit. Quand elle fut placée elle-même à la tête de la petite communauté, elle reporta sur ses filles toute la puissance de son affection, elle était véritablement leur mère ; celles qui lui arrivaient comme postulantes étaient traitées en petits enfants dont on ménage la faiblesse, dont on soutient les premiers pas ; elles étaient façonnées doucement aux vertus de leur sainte profession, à l'amour du sacrifice et de l'obéissance ; à mesure qu'elles avançaient dans leur apprentissage, le travail devenait plus rude, la vie plus austère : rien n'était épargné alors pour éprouver leur vocation, pour leur en faire comprendre le côté pénible, les dégoûts, tout ce qui arrête les simples velléités de dévouement et les caprices de la charité ; en sortant de cette épreuve, l'âme de la postulante était préparée à la mission et digne de l'honneur de servir les pauvres. Elle était surtout devenue leur amie la plus dévouée, car elle avait entendu la supérieure répéter sans cesse :

« Aimez, si vous voulez qu'on vous aime ; et si vous n'avez rien à donner, donnez-vous vous-même. »

Dès qu'une sœur était malade, ou paraissait même légèrement indisposée, la sœur Rosalie, si dure pour elle-même, si mortifiée, devenait inquiète ; elle lui interdisait toute fatigue, tout exercice. Si le mal devenait sérieux, elle voulait passer auprès d'elle tous ses moments de liberté. Lorsque le danger se manifestait, elle épiait les progrès de la maladie avec une angoisse inexprimable, et appelait contre elle toutes les ressources de la science et de l'affection ; son cœur était si déchiré, que les médecins lui cachaient la vérité comme on la cache à une mère. Toutes les fois que Dieu rappelait une de ses filles, rien ne pouvait la consoler. Son nom prononcé, le souvenir d'une de ses paroles, d'une de ses actions, la faisaient fondre en larmes. L'envoi d'une de ses compagnes dans une autre maison suffisait pour la désoler ; quand l'une d'elles devait partir, les autres s'en apercevaient à la tristesse de leur mère. Elle avait toujours peur qu'on ne les lui enlevât. Lorsqu'il y avait quelque cérémonie à la communauté :

« N'y allez pas, disait-elle à la sœur Mélanie ; vous êtes grande, on vous remarquerait, et on penserait à vous pour quelque autre emploi. »

Elle se faisait elle-même scrupule de cet attachement si vif, et s'en accusait quelquefois comme d'une grande faiblesse. Qui aurait voulu l'en corriger ? Un jour, elle vint demander pardon à un ecclésiastique de ses amis du scandale qu'elle lui avait donné la veille en témoignant un chagrin extrême du départ d'une de ses sœurs.

« Rassurez-vous, ma mère, lui répondit-il, si vous ne pleuriez pas ainsi vos sœurs, vous n'aimeriez pas tant vos pauvres. »

Aussi, comme les jeunes sœurs appréciaient la faveur d'être placées sous sa direction ! comme elle était aimée, comme elle a été pleurée de celles qui lui ont survécu ! Lorsque, agenouillées autour de son lit funèbre, elles pensaient à la sainteté de sa vie, une seule crainte les portait à prier pour son âme : « Il lui reste, peut-être, disait l'une d'elles, à expier la trop grande tendresse qu'elle a eue pour nous. »

Cependant, lorsqu'il s'agissait de leur devoir et

de leur avancement, la mère ne passait rien à ses
filles; elle exigeait l'exécution la plus stricte du
règlement, suivant cette parole de saint Vincent
de Paul :

« De votre fidélité au règlement dépend peut-
être la vie de dix mille personnes : combien de
maris rendus à leurs femmes, de pères et de mères
à leurs enfants! Vous serez peut-être cause que
plusieurs seront sauvés, qui, sans vous, ne l'auraient jamais été. »

Elle ne leur permettait aucune affectation dans
les manières, rien de contraint, rien de gêné;
combattait leur gaucherie, leur excès de timidité
en les faisant venir devant les personnes étrangères; et si l'une d'elles, chargée d'une mission
près des administrations, ou du bureau central,
témoignait quelque crainte de se trouver pour la
première fois au milieu de la foule et d'adresser
des demandes et des réclamations à des hommes
qu'elle ne connaissait pas :

« Que craignez-vous? lui répondait la supérieure, ne parlez-vous pas au nom de Dieu? »

Elle ne voulait pas qu'elles eussent la pensée de
se distinguer, de se faire remarquer, même par le
bien qu'elles pourraient faire.

« Soyez comme l'eau pure, leur disait-elle, qui
coule toujours sans saveur et sans couleur. »

La moindre négligence, la moindre infraction
étaient sévèrement réprimées : elle reprenait les
fautes avec douceur ; mais cette douceur était si
imposante, que, lorsqu'elle faisait une représentation, les sœurs n'osaient pas la regarder en face :
elle leur parlait toujours au nom de Dieu, de leur
saint patron ou de leur ange gardien. Lorsqu'une
sœur, même en obéissant, n'avait pas montré assez
d'empressement et de joie :

« Notre Seigneur ne sera pas content de vous
aujourd'hui, ma sœur, je l'ai vu dans vos regards. »

Si l'une d'elles mettait un peu trop de vivacité
dans ses mouvements, et laissait voir un peu
d'impatience en exécutant un ordre :

« Votre bon ange, ma sœur, n'a pas pu vous
suivre, » lui disait-elle ; et il fallait recommencer
lentement, et en disant une prière, ce qui avait
été fait avec trop de précipitation.

Comme une autre ne se pressait pas d'écrire une
lettre en faveur d'un pauvre :

« Allons, ma sœur, votre ange gardien vous
tend la plume, vous ne voudriez pas le faire attendre. »

Elle ne les épargnait pas pour le service des
pauvres : souvent elles revenaient fatiguées de
longues courses à travers le faubourg, elles avaient

monté beaucoup d'escaliers, visité grand nombre de familles, une nouvelle misère était signalée qui appelait un prompt secours : la supérieure n'hésitait pas à les renvoyer immédiatement, en leur donnant à peine le temps de dîner. »

« Vous irez, n'est-ce pas? ma sœur, disait-elle, prendre votre récréation avec notre Seigneur; vous le trouverez auprès de ce pauvre malade. »

Une de ses filles lui ayant témoigné l'ennui qu'elle éprouvait lorsqu'elle exerçait l'office de portière, du long temps que les pauvres, rarement pressés, mettaient à traverser la cour, avant de dire ce qu'ils venaient chercher, et de la perte de temps qu'entraînaient ces lenteurs :

« Quand vous tirez le cordon, mon enfant, lui dit la sœur Rosalie, faites un acte de foi en la présence de Dieu dans le pauvre qui frappe à la porte, et vous ne vous plaindrez plus du temps qu'il passe dans la cour et dans la maison. »

Elle prêchait surtout à ses filles un grand détachement des choses de ce monde ; sa vie en donnait une leçon continuelle : cependant il est un sacrifice qu'elle ne put jamais leur imposer. Elle leur permettait d'écrire à leurs familles toutes les fois qu'elles en demandaient la permission, et comme l'une d'elles, nouvellement arrivée, lui en témoignait sa reconnaissance :

« Croyez-le bien , lui répondit-elle , cette correspondance ne nuira pas à votre perfection ; ce n'est
pas à nous à imposer des sacrifices à nos parents ,
lorsqu'ils nous demandent de nos nouvelles. Quand
on leur écrit souvent , on en est moins préoccupé
que lorsqu'on leur écrit rarement. »

Elle écrivait souvent elle-même à sa mère, qu'elle
n'allait jamais voir, de peur que son absence ne
nuisît à ses pauvres. Lorsqu'elle fut devenue
aveugle , elle souffrit beaucoup de ne plus pouvoir
tenir une plume ; elle était triste au commencement
de sa dernière année, en pensant , disait-elle, que,
pour la première fois depuis qu'elle avait quitté sa
famille , elle venait de laisser passer un premier
jour de l'an sans écrire à sa mère.

Son attachement à sa communauté était filial,
elle la regardait comme sa véritable famille ; tout
ce qui la touchait allait droit à son cœur ; elle avait
pour les supérieures, et spécialement pour le supérieur général de son ordre, une affection pleine
d'obéissance et de respect qu'elle exprimait en
toute occasion.

Mais la sœur Rosalie n'était pas seulement dévouée à ses pauvres, à sa famille, à ses sœurs ;
elle avait des amis dans tous les rangs, dans toutes
les classes, et elle les aimait de tout son cœur.
Cette affection si tendre n'avait rien de commun ni

de banal ; elle ne perdait jamais de vue ceux qu'elle
honorait de son amitié, et qui l'avaient ordinairement gagnée en lui donnant l'occasion de leur être
utile. Elle prenait intérêt au moindre incident de
leur vie ; quelque affairée qu'elle fût, elle avait
toujours le temps de s'occuper d'eux, leur visite
était pour elle une véritable fête ; elle se plaisait à
causer avec eux de ses pensées comme des leurs, et
à leur laisser lire dans son âme ses inquiétudes et
quelquefois ses tristesses charitables. Elle leur demandait conseil avec la simplicité d'un enfant, et
les retenait toujours lorsque, craignant d'abuser de
son temps et de sa complaisance, ils voulaient s'en
aller. Mettant son plaisir à les obliger, elle comptait
sur eux comme ils comptaient sur elle, et n'hésitait
pas à leur demander toute espèce de service. Elle
avait un homme à faire sortir de Paris incognito.

« Vous avez besoin d'un domestique, n'est-ce
pas? dit-elle à un de ses amis qui partait pour un
voyage.

— Pas en ce moment, ma mère.

— Si fait, aujourd'hui même ; vous en avez
besoin pour me rendre service. »

Elle écrivait à un autre :

« Ne croyez pas, je vous prie, aller au ciel avant
de m'avoir placé mes deux orphelins ; c'est quelque
chose qui vous tomberait sur la conscience, et qui

vous ferait rester à la porte jusqu'à nouvel ordre. Donc placez-moi mes deux enfants, placez-les bien vite, je ne puis plus leur subvenir. »

Il y avait dans son amitié une délicatesse, une expansion, une confiance qui frappaient d'attendrissement et d'admiration ceux qu'elle aimait. Combien se rappellent, en gémissant, ses douces confidences qui ne reviendront plus, entendent encore retentir au fond de leur cœur ses paroles intimes, ses questions sur leur destinée, ses conseils sur leur avenir! Les jours où ils étaient heureux, ils allaient à la petite maison de l'Épée-de-Bois pour trouver une âme qui partageât leur joie, qui leur apprît à bien porter leur bonheur. Les jours de peine et de découragement, ils y allaient plus vite encore, car là les attendaient la tendre compassion, les pleurs qui se mêlent aux pleurs, les paroles qui rendent courage. Le Ciel leur avait donné dans la sœur Rosalie une de ces affections qui sont la lumière et la chaleur de la vie ; en se retirant, elle leur a laissé un froid et une ombre que rien ne dissipera sur la terre.

En 1854, la sœur Rosalie voulut couronner tous ses actes de charité par le sacrifice de sa vie. Le Père de Ravignan était atteint d'une maladie que l'on croyait mortelle ; l'Église de France levait au ciel des mains suppliantes pour obtenir la vie de son missionnaire : une douloureuse inquiétude s'était emparée de tous ceux que sa parole avait ramenés à Dieu et conservait à la vérité et à la vertu. La sœur Rosalie se souvint que plusieurs fois une santé précieuse à l'Église avait été rachetée par le sacrifice d'une autre vie ; elle n'hésita pas à offrir la sienne à Dieu pour celle du Père de Ravignan.

« Il a fait, il est destiné à faire encore tant de bien ! disait-elle à ses sœurs en leur annonçant son sacrifice ; et moi, j'en ai fait si peu, qu'il y aurait manque de charité de ma part à ne pas m'offrir à sa place ; le Seigneur, j'espère, m'acceptera. »

Le Seigneur ne l'accepta pas alors ; il rendit, sans cette rançon précieuse, son pieux et éloquent serviteur aux vœux et aux prières universels. La sœur Rosalie avait encore à agir et à souffrir pour Dieu sur la terre, et la reconnaissance de la grâce obtenue ne fut pas troublée par la douleur d'une si grande perte.

A sa charité incomparable la sœur Rosalie joignait, au plus haut degré, la vertu qui donne du mérite à toutes les autres : elle avait l'humilité de saint Vincent de Paul. Comme on lui rapportait qu'une personne disait du bien d'elle :

« Elle a grand tort de le dire, répliqua-t-elle, et plus encore de le penser. »

Elle souffrait autant de la louange, du respect, que les autres du mépris et du blâme. Recevant une lettre pleine d'injures d'un homme dont l'inconduite faisait le désespoir d'une famille honorable, à laquelle elle était fort attachée :

« Il me connaît bien, disait-elle en la lisant ; c'est bien comme je suis, c'est tout à fait mon portrait. »

Elle ne pouvait supporter que les pauvres l'appelassent leur bienfaitrice.

« Appelez-moi votre servante, votre amie, votre sœur, si vous voulez. Voilà tout ce que je suis. »

Dans sa soif d'humiliations et son goût pour les injures, elle était toujours portée à se montrer généreuse pour ceux qui la maltraitaient. Un jour, à bout de ressources, elle avait été obligée de refuser l'argent qui lui était demandé pour une de ses familles :

« Eh bien, ma mère, lui dit une des sœurs qui la connaissait bien, puisque vous ne voulez pas donner dix francs à cette pauvre femme, je l'engagerai à vous dire des injures, et elle en aura vingt. »

Dans ce temps où chacun se laisse prendre à l'appât de la publicité, son nom dans un journal, la révélation d'une de ses actions, lui causaient un profond chagrin ; quand elle reçut la croix d'hon-

neur, elle ne pouvait se consoler d'une telle dis-
tinction, de l'attention qu'elle allait attirer sur
elle ; pour la lui faire accepter sans trop de douleur, il fallut lui dire que son refus ferait encore
plus de bruit, et qu'on parlerait ainsi d'elle deux
fois en public.

« Un grain d'amour-propre, répétait-elle souvent, suffit pour altérer. le mérite d'une bonne
œuvre. »

Était-elle obligée de faire allusion à quelqu'un
de ses actes de charité, elle avait soin de le mettre
sur le compte du curé de la paroisse, de ses amis,
de ses sœurs, et faisait faire une grande partie de
ses aumônes par des mains étrangères.

« Il sera bien difficile d'écrire sa vie, disait
une de ses sœurs, car elle a eu soin de faire disparaître tout ce qui pouvait indiquer ou rappeler ses
œuvre. »

Lorsqu'elle allait aux réunions charitables, dont
elle était la lumière et l'édification , elle cherchait
la dernière place, se cachait derrière tout le
monde, ne prenait la parole que sur les instances
de l'assemblée ; elle exposait alors son opinion
avec une remarquable netteté, mais si doucement,
si modestement, qu'en donnant un conseil, elle
paraissait le demander. Ses avis, toujours suivis
comme un ordre, ressemblaient à une prière ; elle

ne pouvait comprendre qu'on vînt sans cesse lui demander conseil.

« Quelle singulière idée tous ces gens-là ont de me consulter ! ne faut-il pas avoir perdu l'esprit ? »

Un jour quelqu'un, après avoir rappelé son influence sur son quartier, ajoutait qu'elle serait bien difficile à remplacer.

« Que dites-vous ? reprit-elle ; je suis un méchant carreau de vitre : une fois brisé, il sera bien vite remplacé par un plus beau et plus fort. »

Elle se croyait incapable de toute vertu, et se regardait comme la dernière et la plus indigne des ouvrières. Un an avant sa mort, se trouvant très-souffrante et passant une grande partie de ses nuits sans sommeil, elle disait à un prêtre que la maladie et l'insomnie lui étaient bonnes, parce qu'elles lui donnaient le temps de faire trêve à ses occupations et de bien examiner ses actions.

« C'est dans cet examen, ajouta-t-elle, que j'ai vu combien ma vie a été inutile. Je ne sais pas comment Dieu peut se servir de moi, ni comment j'ai pu devenir sœur de la Charité ; dans mon pays et de mon temps, on ne connaissait pas, ou fort peu, les filles de saint Vincent, on ne connaissait guère que les filles de saint François de Sales : et voilà que saint Vincent a joué un tour à saint François, en m'appelant à sa communauté ; mais le tour n'est guère merveilleux, car il n'a pris qu'un bien triste sujet. »

« Quelle folie, répétait-elle souvent, de nous attribuer le succès de quelques-unes de nos entreprises, lorsque nous le devons au souvenir d'un pauvre qui aura prié pour nous, ou à l'intervention d'une bonne âme que nous ne connaissons pas ! »

Elle se regardait comme coupable de tout le mal qui se faisait autour d'elle ; apprenait-elle qu'une famille avait été découverte sans secours et sans pain, qu'un ménage n'était pas marié, qu'un homme de son quartier n'avait pas fait sa première communion :

« Voyez, s'écriait-elle, quel reproche j'ai mérité : je n'ai pas soulagé ce pauvre, j'ai laissé cette famille dans le mal ; Dieu me rendra justement responsable de toutes ces fautes, de toutes ces souffrances. Grand Dieu, quand donnerez-vous à ce quartier une servante plus digne, plus dévouée, afin que vous puissiez répandre plus de bénédictions sur ce pauvre peuple ? »

Et lorsqu'une affaire ne réussissait pas :

« Faut-il s'en étonner ? disait-elle, je m'en suis occupée, et c'est moi qui suis la cause de son insuccès. »

Aussi elle ne pouvait souffrir cette facilité avec laquelle, dans la conversation, on béatifie les vivants, et repoussait avec vivacité la place que souvent on lui assignait dans le ciel. Un jour que ses amis avaient énuméré avec complaisance tous ses droits au paradis, elle avait mis à repousser leurs éloges plus d'animation qu'à l'ordinaire ; mais elle ne put s'empêcher de sourire lorsque la sœur Mélanie, la plus ancienne de ses compagnes, coupa court par ces mots à la discussion :

« Vous avez peut-être raison, ma mère ; mais Dieu, en vous voyant, dira : Voilà une vieille servante qui est dans ma maison depuis cinquante ans, il ne faut pas la laisser dehors. »

Toutefois la conviction de sa misère n'allait jamais jusqu'au découragement ; elle puisait dans le sentiment de sa faiblesse et de ses imperfections des motifs d'espérer en la miséricorde divine ; elle a raconté un rêve qui était la véritable expression de son humilité et de sa foi dans la toute-puissance de la charité :

« Une nuit je me vis en rêve devant le tribunal de Dieu ; il me recevait avec une grande sévérité, et allait prononcer ma condamnation, lorsque tout à coup je me trouvai entourée d'une foule de personnes portant de vieilles bottes, des chaussons, des bonnets, qui présentaient à Dieu toutes ces choses, et lui disaient : C'est elle qui nous a donné tout cela. Alors Jésus-Christ, se retournant vers moi, me dit : En vue de toutes ces friperies données en mon nom, je vous ouvre le ciel : entrez-y pour l'éternité. »

Au mépris de soi-même dont elle était si bien pénétrée, elle voulait qu'on joignît cet abandon à la volonté divine qui prévient le désespoir.

« Pour empêcher les chutes, disait-elle, il faut s'appuyer sur deux béquilles, la confiance en Dieu, la défiance de soi-même ; puis, quand on est tombé, faire comme les petits enfants qui trébuchent, donnent du nez en terre, pleurent, regardent leur mère, et se consolent en se relevant »

A l'imitation de son saint patron, elle recommandait de ne pas enjamber sur la Providence, et de s'arranger pour ne marcher ni plus vite ni plus doucement qu'elle. Enfin elle résumait tous les devoirs du chrétien par ces mots :

« Ayons un cœur d'enfant pour Dieu, de mère pour le prochain, de juge pour nous-même. »

L'extrême humilité de la sœur Rosalie l'éloignait de tout ce qui s'écarte des voies ordinaires ; elle admirait le missionnaire, qui court au loin porter aux nations étrangères la bonne nouvelle, et espère en récompense le martyre ; elle vénérait les sœurs qui demandaient à exercer leur charité en Afrique, dans le Nouveau-Monde, ou dans les hôpitaux et les ambulances de l'Orient ; elle n'aspirait pas à de si éclatants sacrifices : les infidèles et les blessés de son faubourg lui suffisaient ; son ambition était de vivre et de mourir obscurément au milieu de son peuple, sa perfection de faire le mieux qu'elle pouvait les choses de tous les jours, son précepte de prédilection : « Soyons extraordinaires à force d'être ordinaires. »

Elle voulait que la simplicité présidât à tout ce ce qui l'entourait, et comme les sœurs réclamaient dans ses écoles les améliorations et les embellissements qui se faisaient ailleurs, elle les grondait en disant :

« Ménageons l'argent de la ville, et n'oublions pas que nos premières sœurs ont fait la classe dans des étables. »

Elle avait aussi une grande humilité pour son ordre, qu'elle aimait par-dessus tout ; elle craignait pour lui la place qu'il a si justement conquise dans l'admiration du monde, le bruit de ses belles actions qui retentissait dans les journaux et les rapports officiels.

« Bientôt, disait-elle, les sœurs de la Charité mettront des plumets à leurs cornettes ; une pauvre carmélite, ignorée dans sa cellule, est souvent bien plus grande aux yeux de Dieu et plus utile à son Église, que celle dont on loue partout, dont on exalte les mérites. »

Sa piété profonde était grave et sérieuse.

« J'ai été élevée, disait-elle, dans la crainte de Dieu, et non dans la dévotion à l'eau de fleurs d'oranger, comme tant de gens aujourd'hui. »

La sainte communion était sa nourriture : elle en avait si grand besoin, que, malade et ne pouvant se soutenir, elle se levait à grand'peine, se traînait jusqu'à la sainte table, et retournait à son lit, heureuse de posséder son Sauveur ; sa journée se passait en la continuelle présence de Dieu. Ses occupations si multipliées l'empêchaient souvent de donner beaucoup de temps à la méditation et à la prière ; mais, dès qu'elle était restée seule un instant, ses sœurs la retrouvaient à genoux, dans un profond recueillement, et elle se félicitait de ses longues insomnies, parce que Dieu lui accordait ainsi le temps de prier.

Au milieu de la foule, dans ses courses, dans ses visites, son cœur priait ; pendant qu'elle remplissait ses charitables devoirs, tout devenait autour d'elle sujets de méditations et de réflexions pieuses ; elle disait à une sœur qu'elle envoyait au dehors :

« Jamais je ne fais si bien l'oraison que dans la rue : les passants ne sont pas plus pour moi que les arbres dans une forêt ; je suis de l'avis de ce saint qui comparait le monde à un grand bois, où l'âme ne doit jamais se laisser arrêter ni distraire par les ronces et les broussailles. »

Quand elle sortait avec une de ses sœurs, soit à pied, soit en voiture, elle était silencieuse, ne répondait que par un mot aux questions, aux remarques qui lui étaient faites ; elle était en conversation avec Dieu.

Comme notre Seigneur, elle prenait les événements les plus communs, les faits les plus vulgaires pour images de la vie spirituelle, et en faisait le texte de son enseignement. Les sœurs, retenues par d'autres devoirs, n'avaient pu s'occuper que fort tard d'un blanchissage, elles se plaignaient de ne pas avoir le temps de faire l'oraison.

« Vous pouvez la faire ici, leur dit la supérieure, sans quitter votre ouvrage : pensez que vos âmes doivent être blanches comme cette mousse de savon, légères comme elle, pour s'élever jusqu'à Dieu, et que vous n'arriverez à donner à vos consciences la netteté, la pureté de ce linge qu'en les lavant dans les eaux de la pénitence. »

L'Imitation de Jésus-Christ, les œuvres de saint François de Sales, qu'elle appelait son cher ami et son compatriote, étaient ses lectures favorites ; dans les derniers temps de sa vie, elle se faisait lire les sermons de Bossuet, dont elle goûtait la forte doctrine et qu'elle préférait beaucoup à Massillon, à qui elle trouvait trop d'esprit pour des sœurs ; mais elle se pénétrait surtout de la vie, des pensées de saint Vincent de Paul. Elle le méditait la nuit et le jour, cherchait à modeler sa vie sur la sienne, et avait sans cesse quelques-unes de ses recommandations sur les lèvres. Chaque soir, elle s'agenouillait pour dire ses prières devant une image représentant le saint enlevé au ciel par des anges, souvenir bien cher de la sœur Tardy. Elle faisait devant cette image son examen de conscience, et quand elle croyait avoir à se reprocher un peu de vivacité vis-à-vis d'un importun, un refus à quelque mauvais sujet : « Saint Vincent de Paul m'a regardée ce soir d'un mauvais œil, disait-elle aux sœurs ; il n'est pas content de moi. »

Et elle passait une partie de la nuit à chercher les moyens de réparer le mal que saint Vincent de Paul lui reprochait. Sa piété envers lui se manifestait surtout par un redoublement de bonnes œuvres, le jour de sa fête.

Elle avait une dévotion particulière à saint Joseph ; elle le priait sans cesse, elle admirait sa vie toute cachée et intérieure : elle aimait aussi à invoquer la sainte Vierge sous le nom de Notre-Dame-de-l'Espérance, et allait, dans les occasions importantes, prier dans la chapelle de l'église Saint-Séverin qui lui est consacrée.

Mais sa piété était, comme ses autres vertus, sans aucune exagération ni recherche. Elle combattait chez les jeunes sœurs la tendance à prendre, pour arriver à la perfection, des voies singulières, à s'imposer des tâches au-dessus de leurs forces; elle était l'ennemie des scrupules excessifs, et les reprochait toujours comme une injure à la bonté de Dieu.

Une de ses amies s'excusait de ne pas visiter les pauvres, parce qu'elle devait aller à Argenteuil vénérer la sainte robe.

« Pourquoi aller chercher aujourd'hui cette relique de notre Seigneur aux dépens de vos malades, lui répondit-elle, lorsque vous avez les plus précieuses de toutes, son corps et son sang dans le sacrement de l'autel? »

Elle était sobre à parler de piété; mais lorsqu'elle trouvait des âmes préparées à la comprendre, elle ne manquait pas de les fortifier; elle tenait beaucoup à les prémunir contre cette dévotion qui s'attache aux douceurs, aux consolations de la religion, et touche à peine à ce qu'elle a d'austère pour les mœurs et de gênant pour les passions. La tendance religieuse de notre temps l'inquiétait un peu : elle la trouvait empreinte de mollesse, associant trop facilement les distractions, les joies du monde avec les pratiques les plus pieuses, et mêlant les bonnes œuvres à la dissipation, à toutes les recherches du bien-être, à toutes les indulgences de la vie ; elle n'estimait pas beaucoup le retour à la religion par intérêt purement temporel, par le juste effroi des doctrines antisociales, par la peur des révolutions, et se défiait de ce système nouveau, si respectueux pour l'Évangile, mais si habile à en éluder l'esprit, à en oublier les préceptes, et que le monde lui-même condamne sous le nom de religiosité.

Sa vie était conforme à la doctrine de saint François de Sales : la forme en était douce, aimable, le fond sévère ; sa sérénité, l'égalité de son humeur cachaient un détachement complet des choses et la pratique de la plus austère mortification. A sa mort, on ne trouva rien à donner de ce qui lui appartenait ; elle s'était dépouillée de tout, et lorsqu'il lui arrivait quelque chose qu'elle ne pouvait refuser, elle cherchait immédiatement à qui ce cadeau pouvait faire plaisir.

Dans le rigoureux hiver de 1829 à 1830, s'apercevant qu'une pauvre femme qui était venue lui demander secours n'avait qu'une robe légère incapable de la garantir du froid, elle cherchait quelque chose pour la mieux couvrir ; les armoires étaient vides : elle la prie d'attendre un instant, reparaît bientôt et lui remet un paquet, en lui recommandant de ne pas le laisser voir en sortant de la maison. C'était son jupon, dont elle venait de se dépouiller. Elle continua ses travaux sans rien dire ; car elle avait déjà été grondée par ses filles plusieurs fois pour une action pareille, et celles-ci ne s'en aperçurent qu'en la voyant trembler de froid au milieu de la cour. Elles voulurent faire quelques représentations ; mais la sœur Rosalie :

« Silence, mes enfants, j'ai revêtu la sainte Vierge dépouillée de tout et gelant de froid ; nous au moins nous sommes bien vêtues, nous pouvons faire du feu ; mais cette pauvre femme, comment n'avoir pas pitié d'elle ! »

Un autre jour, comme on cherchait partout ses souliers pour les nettoyer, elle fut obligée d'avouer, en rougissant, qu'elle les avait donnés le matin à une pauvre femme, entrée chez elle les pieds nus.

Elle mangeait peu et vite, sacrifiant son dîner à la première personne qui demandait à lui parler. Les sœurs, pour lui laisser le temps de prendre ses repas, étaient obligées de ne pas l'avertir des visites qui l'attendaient ; elle se plaignait de cette attention.

« Les marchands se dérangent de leur table, disait-elle, pour le plus petit gain, pour la moindre pratique ; ne travaillons-nous pas pour quelque chose de mieux, et faut-il que nous nous écoutions lorsqu'il s'agit d'un bien autre intérêt et d'un tout autre bénéfice ? »

Pendant les derniers temps de sa vie, surtout depuis qu'elle était aveugle, on cherchait à lui servir quelque chose de meilleur et de plus convenable à sa santé que le dîner commun ; elle s'en affligeait, et ne voulait jamais accepter.

« Comment me donnez-vous ces choses ? s'écriait-elle avec reproche : elles auraient fait tant de bien à ce malade, à ce convalescent que vous avez été voir ! Une pomme de terre, n'est-ce pas tout ce qu'il faut à la servante des pauvres !

Malgré ses souffrances et de continuels malaises, elle était la première dans sa maison à obéir à toutes les exigences de la règle. Plusieurs fois ses filles, la voyant accablée de fatigue après une nuit sans sommeil, la priaient à genoux de retarder de quelques heures le moment de son lever. Elle ne se rendait pas à leurs instances, et, à quatre heures du matin, elle était debout.

« Plus tard, répondait-elle à toutes les supplications, je serai bien heureuse d'avoir suivi exactement notre règle. Voyez comme elle est peu dure pour moi ; combien de sœurs, à l'heure où je suis encore couchée, sont à veiller auprès des malades !»

Retenue pendant longtemps à la maison par des

douleurs aiguës, elle ne put sortir qu'après de longs mois d'immobilité, pour faire ce qu'elle appelait en riant le tour de son diocèse. Depuis ces accidents, la marche lui était très-pénible, elle avouait que chaque pavé était pour elle une épine ; mais, se souvenant que dans sa vieillesse saint Vincent de Paul, incapable de marcher, et obligé, pour ses courses charitables, de prendre un carrosse, l'appelait son humiliation et son infamie, elle ne voulait jamais prendre de voiture, et quand on l'y forçait, elle abaissait les stores ou faisait monter avec elle tous les petits enfants qui pouvaient entrer, comme si elle eût cherché à cacher sa faiblesse derrière leur innocence.

Née avec une nature vive, impétueuse, elle devait l'excellence de ses vertus au travail incessant de sa volonté. Dans sa première jeunesse, toute opposition à ses sentiments la mettait dans une irritation extrême. Elle ne pouvait triompher de ses répugnances à accepter la moindre contrariété ; elle ne savait pas obéir, pas même attendre : une parole, un mouvement qui lui déplaisait suffisait pour provoquer un orage au fond de son cœur. A force de luttes et de prières, elle parvint à changer sa nature, à transformer son caractère ; elle ne conserva de son impétuosité que son ardeur pour faire le bien : elle était tellement devenue maîtresse d'elle-même, qu'au milieu des importunités, des contradictions de tous les jours, elle restait calme, ne laissant voir aucune apparence d'irritation.

Sa patience était devenue angélique. Pour chercher à guérir sa cécité, il fallut, pendant longtemps, venir toutes les cinq minutes lui jeter de l'eau sur les yeux, et la soumettre à un traitement insupportable. Elle ne paraissait pas s'en apercevoir ; les sœurs qui la soignaient ne pouvaient se faire à cette longanimité, elles lui en exprimaient leur étonnement : « Il ne m'est pas possible de m'impatienter, leur répondit-elle, lorsque vous me donnez toutes, en me soignant, d'admirables exemples de patience. »

Elle aimait à voir la joie sur le visage de ses sœurs, souriait à leur gaieté ; mais elle avait au fond de l'âme beaucoup de tristesse ; rien ne pouvait détourner sa pensée des souffrances matérielles et morales des pauvres.

« Comment voulez-vous que je sois gaie ? répétait-elle : il y a autour de moi tant de gens qui pleurent ! »

Elle s'affligeait aussi beaucoup des maux et des tristesses de l'Église, du peu de reconnaissance que les hommes témoignent à Dieu, et de toutes les infractions qu'ils se permettent contre sa loi :

aussi la voyait-on s'épanouir et revivre lorsqu'on lui rapportait des actes de vertu, et jouissait-elle de toutes les œuvres de piété et de charité qui se faisaient dans le monde.

Elle avait poussé le renoncement jusqu'à s'interdire la plus légère distraction, et se serait reproché d'avoir consacré une seule minute à autre chose qu'à l'accomplissement d'un devoir. Une fois, cependant, elle crut pouvoir se permettre ce qu'elle appelait une partie de campagne.

Il s'agissait de descendre le petit escalier qui conduisait au jardin de la maison de secours, et d'aller cueillir une douzaine de fruits sur un poirier, qui en était l'arbre le plus magnifique. Depuis plusieurs semaines la sœur Rosalie méditait cette excursion, et n'en avait pas trouvé le temps ; enfin une de ses sœurs, la voyant libre, la prend par la main, l'entraîne vers le jardin. Elle était déjà sur les marches de l'escalier, lorsqu'un coup de sonnette se fait entendre.

« Je vais à la porte, lui dit sa compagne ; continuez, ma mère, je vous rejoins à l'instant.

— Non, non, répondit la sœur Rosalie en revenant sur ses pas, le Seigneur m'appelle, il ne veut pas que je quitte un instant son service. »

Et elle renonça pour toujours à sa partie de campagne.

Quant à cette vie mondaine, à ces visites nombreuses qu'on lui reprochait quelquefois en riant, elle les acceptait comme une mortification dans l'intérêt de ses pauvres, et aussi pour le bien de ceux qu'elle recevait, sachant combien il leur était utile de respirer un moment l'air de la pauvreté et de la misère. La longueur de ses audiences se mesurait aux motifs qui les provoquaient : quand on venait lui parler d'une bonne et joyeuse nouvelle, de quelque chose qui devait lui faire plaisir, elles étaient courtes ; mais elles se prolongeaient toutes les fois qu'il s'agissait d'affaires tristes, pénibles, et de douloureux entretiens. Comme les sœurs se plaignaient du temps que lui avait pris un homme qui avait mis des heures entières à lui conter ses peines :

« N'aimeriez-vous pas, si vous étiez malheureuses, à être consolées ? leur répondit-elle. Ce n'est pas que je l'aie consolé ; mais j'ai écouté le récit de ses malheurs, et c'est beaucoup pour celui qui est affligé. »

Elle ne témoignait jamais la moindre impatience dans les conversations, même les plus inutiles, quoique rien ne la fatiguât plus que les inutilités ; seulement, lorsque son interlocuteur s'étendait en trop longs discours, sans portée et sans but, comme il arrive si souvent dans le monde, elle disait en l'écoutant une dizaine du chapelet.

Son activité ne connaissait ni repos ni relâche. Pendant ses maladies elle acceptait tout avec résignation et même reconnaissance, excepté la nécessité de ne rien faire; à force de prières, on obtint qu'elle restât un jour en repos après de longues fatigues; mais dans le silence et la solitude, son esprit travaillait tellement, qu'à la fin de la journée elle était plus fatiguée de son inaction que des plus laborieuses affaires. Dès qu'elle avait un moment de liberté, elle se livrait aux plus humbles occupations de la maison, balayait la cour, les escaliers, lavait la vaisselle; la sœur chargée de ce soin, lorsqu'elle la voyait à l'ouvrage avec une si grande ardeur, n'avait d'autres moyens de lui épargner ce travail que de crier à ses compagnes :

« Envoyez bien vite des pauvres à notre mère, sans cela elle va faire tout le ménage. »

A cette âme si bien douée Dieu avait donné une intelligence d'élite : la sœur Rosalie avait à la fois l'esprit d'initiative, de persévérance et d'ordre. Jamais maison ne fut mieux réglée que la sienne; elle passait une partie de la nuit à coordonner ce qu'elle avait recueilli la veille pour le travail du lendemain, et le matin, après déjeuner, elle distribuait à ses sœurs toutes les affaires; celles-ci

étaient toujours frappées de la justesse de ses vues,
de la sagesse de ses plans et des ressources de son
esprit. Après ses audiences, lorsque venait le moment de sa correspondance, elle dictait trois ou
quatre lettres à la fois; son style était simple, pré-
cis, allant au fait, comme l'expression d'un esprit
qui agit plus qu'il ne parle, renfermant en peu de
mots beaucoup de choses.

Confidente des intérêts, des idées de tant de personnes, chargée de mille affaires de toute nature,
elle donnait à chacune sa place et son importance,
sans rien oublier, sans rien confondre, la traitait
à son heure comme si elle avait été seule, et
parvenait à les terminer toutes. La plus vaste
intelligence aurait été troublée par les occupations d'une seule de ses journées, l'âme la plus
forte aurait succombé sous la multiplicité et la
variété de ses devoirs; la sœur Rosalie suffisait à
tout; elle était toujours prête à tout comprendre,
à tout expliquer; elle ne discutait pas, n'entrait
jamais en dispute et en contestation, mais elle expliquait clairement, simplement sa manière de
voir; dès les premiers mots, on sentait qu'elle
avait raison et qu'elle disait la vérité; son génie
pénétrait à travers les ombres des plus difficiles
questions, saisissait le point important, et marchait droit au but sans jamais en dévier; elle avait

7*

la vue nette et précise des choses, comme ceux qui les jugent avec une conscience pure et sereine, connaissait à fond l'humanité, et découvrait d'un coup d'œil les tendances et les aptitudes de chacun. Son éloquence naturelle et d'intuition trouvait sans effort les paroles et les idées les plus capables d'arriver à ce qu'elle se proposait ; elle savait imposer à la passion d'un homme du monde comme aux entraînements de la multitude, et cette voix si douce, si persuasive, quand il fallait encourager, soutenir ou consoler, faisait pâlir et trembler ceux dont elle voulait arrêter la violence et provoquer le repentir. A la piété de la religieuse, à la miséricorde de la sœur, elle joignait les vues profondes de l'administrateur le plus habile et le plus expérimenté, et les hommes d'État se seraient trouvés heureux d'avoir suivi ses conseils.

Peut-être, en se rendant compte de ses correspondances, de ses audiences continuelles et de ses travaux habituels, trouvera-t-on que dans sa vie les occasions lui ont manqué de déployer son génie. Donner des bons, distribuer des cartes, placer un enfant, un vieillard, faire une recommandation, tout cela paraît une très-petite œuvre ; mais, sans compter les affaires les plus importantes, à la hauteur desquelles son intelligence sut toujours se trouver, elle imprimait aux actes de tous les jours

le cachet de la perfection, et la perfection a autant
de valeur dans les petites que dans les grandes
choses.

Dieu est infiniment grand, non-seulement parce
que d'une parole il a créé l'univers, et que sa providence préside à la marche et à la destinée des
empires, mais aussi, et plus encore peut-être,
parce que les pensées les plus fugitives, les actions
les moins importantes de ce monde n'échappent
pas à sa sollicitude, et qu'il veille à chacun des
besoins de la plus humble, de la plus dédaignée
de ses créatures.

Le principal secret de la vertu et du génie de la
sœur Rosalie se trouve dans la profondeur et la
clarté de sa foi ; le monde matériel ne lui cachait
rien du monde supérieur ; à travers les réalités de
la terre elle apercevait distinctement les vérités du
ciel ; au milieu de ce contact perpétuel avec l'humanité, elle ne vivait jamais séparée de Dieu, des
saints, des anges ; pendant que les occupations
externes semblaient l'arracher à son intérieur et la
jeter en dehors d'elle-même, son âme était en
communication avec la volonté divine, avec les
souffrances de Jésus-Christ, avec les prières et les
mérites des esprits célestes : elle prenait dans cette
vue et cette association la force de dompter sa nature, le dévouement à ses frères, l'amour de la

mortification, et le détachement des choses qui passent.

Après l'opération de la cataracte, elle fut obligée de rester longtemps assise, sans bouger : elle succombait à la gêne de cette position, toujours la même ; on voulut, pour la reposer un peu, placer un oreiller derrière sa tête, elle le refusa :

« En pensant, dit-elle, que je suis en présence de Dieu, à côté de mon bon ange, je ne puis me laisser aller à cette faiblesse. »

Cette union perpétuelle avec Dieu imprimait aux habitudes de sa vie, à ses occupations les plus humbles, à ses actions les plus vulgaires une si grande dignité, un tel caractère de sainteté, que souvent les sœurs restaient immobiles et silencieuses à la contempler. Elle s'étonnait de cette attention, et leur en demandait la cause ; ses filles se gardaient bien de la lui révéler, pour ne pas lui faire de la peine ; mais elles se disaient en sortant :

« Quand la sainte Vierge était dans la maison de saint Jean, elle ne devait pas être autrement que notre mère. »

CHAPITRE XIV.

MALADIES ET MORT DE LA SŒUR ROSALIE.

Pendant les cinquante ans que la sœur Rosalie avait consacrés au faubourg Saint-Marceau, la maladie l'avait souvent visitée. Elle était rarement une journée sans souffrir ; des palpitations très-vives lui causaient pour la moindre marche une extrême douleur. Une fièvre tierce, dont elle ressentait presque tous les ans les atteintes, la retenait quelquefois des mois entiers dans sa cellule, et inspirait de sérieuses inquiétudes pour sa vie. Elle compromettait ordinairement sa convalescence par son empressement à retourner au service des pauvres ; mais son tempérament sain l'emportait toujours, et après ces interruptions qui lui servaient de retraite, tant elle en faisait bon usage pour son âme, elle se retrouvait aussi active, aussi zélée ; les années mêmes, en s'accumulant sur sa tête, semblaient ne lui avoir rien ôté de ses forces ni de son courage. Dans la crainte du dernier jugement, elle avait souvent exprimé le désir d'avoir trois mois pour se préparer à la mort ; Dieu les lui donna sous la forme qui devait la sanctifier le plus, puisqu'elle lui imposait le plus grand sacrifice : elle devint aveugle. La pauvre sœur, si vive, si occupée des autres, si heureuse de la vue de ses pauvres, de ses enfants, de ses amis, dut renoncer à tout ce qui faisait son travail et sa joie. Dans ce parloir, où elle avait l'habitude d'aller des uns aux autres, portant à chacun la consolation et l'espérance, il lui fallut se faire conduire par une sœur, chercher d'une main incertaine la place où elle devait s'asseoir, n'en plus bouger une fois qu'elle y était parvenue, et attendre qu'on lui nommât ceux qui s'approchaient d'elle, au lieu de les saluer, de les prévenir, comme autrefois, d'une parole amicale et d'un doux regard. Elle en souffrit cruellement, et sa franchise ne le déguisait pas ; elle regrettait surtout de n'être plus utile à personne, d'imposer à d'autres la nécessité de s'occuper d'elle, et, comme une jeune sœur lui rapportait qu'au dire d'un saint prêtre sa cécité était une grande grâce, un témoignage de la miséricorde divine, elle avouait ingénument que, si elle avait osé, elle aurait demandé à Dieu de lui témoigner autrement sa bonté.

Mais sa tristesse n'avait rien d'abattu ni de découragé, elle n'altérait en rien le calme et l'égalité de son humeur; son âme se résignait sans murmurer aux souffrances qu'elle ressentait vivement, et, se détachant de plus en plus de la terre, se réfugiait dans le sein de Dieu. Ses amis lui ayant demandé la permission de faire une neuvaine à sainte Germaine pour obtenir sa guérison :

« N'en faites rien, leur dit-elle ; je serais effrayée d'être la personne choisie par Dieu pour être l'objet d'un miracle, je croirais qu'il demande de moi des choses extraordinaires, j'en serais troublée ; et puis on s'imaginerait peut-être que je l'ai obtenu par vertu. »

Elle ne se rendit qu'à de nouvelles instances, mais elle refusa de prendre part à la neuvaine.

« J'aime mieux m'en rapporter à la volonté de Dieu, et d'ailleurs je gâterais tout en mêlant mes prières aux vôtres. »

Au milieu de ses ténèbres, elle restait fidèle à sa mission, présidait à sa maison, indiquait à ses filles ce qu'elle ne pouvait faire elle-même, et vou-

lait recevoir tous ceux qui demandaient à lui parler. Quand on lui annonçait un ami, elle le faisait
asseoir auprès d'elle, le regardait avec les yeux de
son cœur, et bientôt, à la vivacité de sa conversation, à la fraîcheur de ses idées, à l'intérêt qu'elle
prenait à tout, on avait oublié qu'on était près
d'une aveugle.

Quoiqu'elle se plaignît de ne pouvoir rien faire
pour les pauvres, elle ne cessa, jusqu'à la fin, de
s'en occuper. La veille du jour où elle tomba malade pour ne plus se relever, la sœur chargée de
distribuer les soupes économiques avait remarqué
un vieillard de bonne mine, qui s'approchait le
plus qu'il pouvait du fourneau, et était resté dans
la salle tout le temps de la distribution. Interrogé
s'il était malade, il avait avoué qu'il demeurait
aussi longtemps près du feu parce qu'il n'avait à la
maison ni cheminée ni bois pour se chauffer ; la
sœur l'avait invité à revenir chaque matin, lui
promettant une place près du fourneau et une portion meilleure. La supérieure, instruite de cette
découverte, gronda sa fille d'avoir été assez dure
pour n'avoir pas demandé à ce pauvre homme son
nom et son adresse ; elle n'eut pas de repos qu'il
ne fût retrouvé, et qu'elle n'eût envoyé chez lui
un bon poêle et une petite provision de bois. Le
jour même où la fièvre la prit, une pensée la tour-

mentait : elle avait oublié, pour la première fois peut-être, une demande qui lui avait été adressée la veille ; elle en parla dès le matin au petit jour, et supplia une des sœurs de réparer son oubli.

« Je vous en prie, lui dit-elle, avant toutes choses, portez une couverture à ce pauvre homme ; il doit avoir bien froid, car moi-même je grelotte dans mon lit. »

Elle tremblait en effet de la fièvre ; ce fut sa dernière œuvre !

Au mois d'octobre 1855, lorsqu'on crut le moment venu, un chirurgien habile, qui lui était très-attaché, lui fit l'opération de la cataracte ; quelques rayons de lumière frappèrent son œil : plus tard, elle parvint à entrevoir quelques formes dans les figures, quelques nuances dans les couleurs ; mais ces faibles lueurs disparurent, et la nuit se refit autour d'elle. Au commencement de 1856, on se reprit à l'espérance d'une nouvelle opération qui fut fixée aux premiers jours du printemps ; la santé de la sœur Rosalie, si fortement ébranlée, se raffermit. Ses forces semblaient lui revenir, il y avait dans toute sa personne comme un renouvellement de vie. Les sœurs et les pauvres se félicitaient de ce retour, qu'ils acceptaient comme un heureux présage, lorsque, dans la nuit du 4 février, elle se sentit saisie d'un grand froid ;

elle ne voulut pas appeler la sœur qui couchait auprès d'elle, et troubler un sommeil mérité par les longues courses de la journée. Le matin, elle était en proie à la fièvre et à une vive douleur de côté. Son médecin, mandé en toute hâte, reconnut les symptômes d'une pleurésie ou d'une fluxion de poitrine ; pendant deux jours, les remèdes, énergiquement appliqués, parurent lutter avec succès contre le mal. Les sœurs, auxquelles on avait caché une partie de la vérité, n'étaient pas inquiètes ; le bulletin n'annonçait qu'une forte indisposition qui n'avait rien de très-menaçant. La malade elle-même conservait son calme ; elle parlait de la longueur, des ennuis de la convalescence, répondait à ceux qui plaignaient sa souffrance :

« Les pauvres ne sont pas si bien que moi. »

Elle s'inquiétait, suivant son habitude, de la fatigue des sœurs. Une d'elles qui l'avait veillée la première nuit, se leva au milieu de la nuit suivante pour avoir de ses nouvelles. Entrée dans sa chambre, elle lui présenta à boire sans mot dire ; la sœur Rosalie la reconnut à la manière dont elle la servait.

« Quel mal vous me faites, mon enfant! lui dit-elle ; en vous dépensant ainsi pour moi, vous me dépensez moi-même. »

Elle associait ses souffrances à celles de l'Homme-

Dieu. Malgré son éloignement pour les remèdes, elle prenait les breuvages qui lui répugnaient le plus, en souvenir de celui qui fut offert à Jésus-Christ pendant sa passion.

On lui avait posé un vésicatoire ; la sœur appelée à le panser s'aperçut que la serviette qui l'entourait s'était repliée sur elle-même, avait pesé sur la plaie, et était couverte de sang. Étonnée de n'entendre aucune plainte, de ne voir aucune émotion sur le visage toujours calme de la malade, pour une douleur qui devait être si vive, elle craignit un commencement de paralysie, et s'écria avec inquiétude :

« Ma mère, n'avez-vous donc rien senti ? »

Comme la sœur Rosalie se taisait, elle répéta vivement sa question ; alors la malade, avec un doux sourire :

« Oui, je le sentais ; mais c'était un clou de la croix de notre Seigneur, et je voulais le conserver. »

En bonne et sainte chrétienne, la pensée de la mort ne lui avait jamais été étrangère ; elle ne la désirait pas, et en avait même un certain effroi. L'année précédente, la supérieure de la Visitation, la mère Séraphine Fournier (1), qu'elle aimait

---

(1) La mère Séraphine Fournier était dans le cloître ce que la sœur Rosalie était dans le monde, et a laissé, en quittant la terre, le souvenir d'une sainte.

beaucoup et qui la voulait auprès d'elle pendant ses maladies, pour avoir, disait-elle, un ange à ses côtés, l'avait appelée à son lit de mort, et lui avait dit, au moment des derniers adieux :

« Courage, ma sœur ! vous me suivrez de près. »

Cette parole l'avait extrêmement frappée ; elle l'avait rapportée à ses sœurs.

« Je ne sais pourquoi, ajoutait-elle, cette bonne mère m'a parlé ainsi. Si Dieu veut me laisser encore quelques années sur cette terre, je ne demande pas à la quitter. »

Pendant cette maladie si courte, la pensée de sa mort ne parut pas se présenter à son esprit ; rien ne la faisait prévoir encore.

Le 6 février au matin, les symptômes les plus graves avaient disparu, on se croyait maître du mal ; à onze heures, elle prit un bouillon pour la première fois depuis qu'elle était alitée. Ses filles se félicitaient déjà de sa guérison, lorsqu'à une heure la violente douleur de côté reparut et le pouls s'éleva. La sœur Rosalie continua encore quelque temps à s'entretenir des besoins des pauvres, fit quelques recommandations sur les devoirs de la journée ; puis, tout à coup, sa langue et sa tête s'embarrassèrent : on perdit le sens de son discours. Bientôt un assoupissement, à peine interrompu par quelques paroles sans suite, annonça que la vie s'en allait : les sœurs éplorées comprirent qu'il n'y avait plus d'espoir ; le curé de Saint-Médard, appelé sur-le-champ, ne put que donner l'extrême-onction et réciter les dernières prières ; la sœur Rosalie fit le signe de la croix, murmura deux ou trois mots que l'on n'entendit pas, qui semblaient l'écho d'une prière intérieure, et retomba dans sa léthargie ; le lendemain, à onze heures, elle était morte, sans agitation, sans agonie, comme si elle avait passé d'un sommeil léger à un plus profond repos.

Le bruit de sa mort se répandit dans son quartier, et bientôt dans tout Paris, avec le saisissement et les émotions de l'inattendu. Alors seulement on put savoir ce qu'avait été la vie qui venait de finir ; car, à mesure que la triste nouvelle entrait dans une maison, dans une famille, on entendait des regrets, des gémissements ; des hommes de toutes classes, de toutes conditions, habitant les quartiers les plus éloignés, et qu'on n'aurait pas soupçonnés de savoir le nom de la sœur Rosalie, s'arrêtaient pour pleurer en apprenant dans la rue qu'elle était morte, et répondaient à ceux qui s'étonnaient de leur douleur :

« Ah ! nous lui devions tant ! elle nous a fait tant de bien ! »

La consternation était autour de son lit funèbre, les sœurs pleuraient et priaient ; ses amis, à peine instruits de sa maladie, qu'ils croyaient légère, et dont ils ne s'étaient pas inquiétés, apprenaient, en entrant dans la maison, que cette maladie l'avait tuée ; d'autres là trouvèrent morte sans avoir su qu'elle était malade. Ils étaient venus, selon leur habitude, chercher près d'elle un moment de consolation et de joie, ils y rencontraient le désespoir. Rien ne saurait peindre leurs cris, leurs sanglots, leurs lamentations. Il fallait les arracher de cette chambre où la sœur venait d'expirer.

Le lendemain, on exposa son corps dans une chapelle ardente : il était revêtu du costume de sœur de la Charité, le chapelet au bras, le crucifix entre les mains croisées sur la poitrine. Ses traits avaient repris leur expression habituelle, sa figure était belle de sérénité et de calme ; la mort y avait seulement apporté ce qu'elle ajoute ordinairement de grandeur et de majesté à la physionomie de ceux qui ont saintement vécu. Dès que les portes furent ouvertes, il se forma dans le quartier une longue procession qui ne finit qu'à la nuit pour recommencer le jour suivant. Le faubourg Saint-Marceau se dirigea tout entier vers la maison si connue de l'Épée-de-Bois ; les ouvriers quittèrent leur travail pour se mettre à la file ; les mères y conduisirent leurs petits enfants, les vieillards et les malades s'y firent porter : on voulait voir encore une fois celle dont la vie avait été la protection de toutes les familles, et la remercier par une prière. On embrassait ses mains, ses pieds ; on approchait de son corps des livres, des chapelets, des mouchoirs ; on se disputait comme des reliques les morceaux de ses vêtements, les parcelles de son linge : chacun désirait emporter dans sa maison, comme une bénédiction et une sauvegarde, quelque chose qui lui eût servi ou qu'eût touché ce qui restait encore d'elle sur la terre.

Dans ce quartier ordinairement si bruyant, régnait un religieux silence ; il n'y avait plus pour tous qu'une affaire, qu'un besoin, rendre un dernier hommage à leur bienfaitrice ; ce besoin faisait oublier tous les autres, et pendant ces deux journées, dans cette foule innombrable qui se rendit à la maison des sœurs, personne ne songea à leur demander un secours. Un grand nombre de personnes accoururent de toutes les parties de Paris et de la banlieue, firent le pèlerinage de la rue de l'Épée-de-Bois, et passèrent devant la sœur Rosalie avec le même respect et le même attendrissement ; tous ceux qui avaient été ses élèves et ses auxiliaires, qui avaient coutume de répondre à sa voix, s'empressèrent à ce dernier appel ; des prêtres de toutes les paroisses, des religieux de tous les ordres, demandèrent à dire la messe dans la chapelle ardente; des prélats vénérables se mêlèrent à la foule pour bénir ses restes; le cardinal de Bonald vint prier auprès d'elle, en regrettant qu'un devoir impérieux l'empêchât le lendemain de présider à ses obsèques, et l'archevêque de Rouen, un de ses plus anciens et plus chers amis, fit toucher sa croix pectorale au corps de la sœur, comme aux reliques d'une sainte.

Le jour des funérailles fut un de ces jours qui ne s'oublient pas, et qui dans la vie d'un peuple rachètent bien des mauvais jours. A onze heures, le convoi sortit de la maison funèbre ; le clergé de Saint-Médard, auquel s'était joint un grand nombre d'ecclésiastiques, marchait en tête, précédé de la croix ; les jeunes filles de l'école et du patronage rappelaient les œuvres de leur mère. Les sœurs de la Charité entouraient le cercueil, placé dans le corbillard des pauvres, comme l'avait demandé la sœur Rosalie, afin que saint Vincent de Paul pût la reconnaître jusqu'à la fin pour une de ses filles ; l'administration municipale et le bureau de bienfaisance du douzième arrondissement venaient ensuite ; puis, derrière eux, se pressait une de ces multitudes que l'on ne peut ni compter, ni décrire, de tout rang, de tout âge, de toute profession; un peuple entier, avec ses grands et ses petits, ses riches et ses pauvres, ses savants et ses ouvriers, avec ce qu'il a de plus illustre et de plus obscur, tous mêlés, confondus, exprimant, sous des formes et des paroles diverses, les mêmes regrets, la même admiration; tous ayant à remercier d'un service, ou à louer d'une bonne action celle à qui ils venaient rendre les derniers devoirs. On eût dit que la sainte morte avait donné rendez-vous autour de son cercueil à tous ceux qu'elle avait visités, secourus, conseillés pendant les longues années de sa vie, et qu'elle exerçait encore sur eux l'ascendant de sa présence et de sa parole : car ces hommes, partis des extrémités les plus opposées de la société, séparés par leur éducation, leurs idées, leurs positions, qui peut-être ne s'étaient rencontrés jusque-là que pour se combattre, étaient réunis en ce jour dans une même pensée, dans un même recueillement.

Les partis s'étaient effacés, les haines s'apaisaient, les passions faisaient silence; il n'y avait plus que des frères et des enfants qui accompagnaient jusqu'à sa dernière demeure leur sœur et leur mère.

Au lieu de prendre la route directe de l'église, le convoi fit un long détour dans le quartier appelé autrefois son diocèse, comme pour lui faire

faire un dernier adieu à ces rues qu'elle avait si souvent parcourues, à ce faubourg qu'elle avait tant aimé ; sur son passage, les femmes, les petits enfants, tous ceux qui n'avaient pu se mettre du cortége, s'inclinaient, faisaient un signe de croix, et murmuraient une prière ; à la vue des boutiques fermées, de la suspension du travail, de la foule dans les rues, sur les portes, aux fenêtres, de l'attention fixée sur un seul point, le petit nombre de ceux qui n'en connaissaient pas la cause se demandaient quelle fête, quel grand événement, quelle magnifique cérémonie agitaient ce faubourg et tenaient tout ce peuple en émoi ; si c'étaient les funérailles d'un prince ou l'entrée d'un triomphateur. Seul le corbillard des pauvres leur annonçait qu'il ne s'agissait pas d'une gloire humaine, d'un triomphe de la terre, et qu'il se passait là quelque chose que les idées de ce monde n'expliquent pas.

La messe fut dite par le curé de Saint-Médard, l'absoute prononcée par M. l'abbé Surat, vicaire général, envoyé par l'archevêque de Paris pour le représenter. Le catafalque était entouré d'un piquet de soldats, pour rendre les honneurs militaires à la décoration de la sœur Rosalie ; une croix d'honneur était posée sur son cercueil. Ce n'était pas la sienne ; les sœurs n'avaient pas voulu la donner, en souvenir de son humilité ; mais un des administrateurs du bureau de bienfaisance avait attaché sa croix au drap mortuaire, en pensant qu'après avoir occupé cette place, elle serait encore plus honorable à porter.

Après le service, le convoi se rendit au cimetière du Mont-Parnasse, accompagné, jusqu'à la fin, du même concours ; une fosse était ouverte dans la partie réservée aux sœurs de la Charité, où reposent, en attendant la résurrection, tant de corps usés par de saintes fatigues. On y descendit le corps de la sœur Rosalie, on récita sur lui les dernières prières, on le recouvrit d'un peu de terre ; une croix de bois fut placée sur la tombe. Après la dernière bénédiction, le maire du douzième arrondissement prononça de belles et touchantes paroles, qui parurent l'expression de la pensée de tous ; quelques jeunes filles suspendirent à la croix des couronnes d'immortelles; puis chacun retourna en silence aux tristesses et aux distractions de la vie, et bientôt, de toute cette foule, il ne resta plus que deux ou trois pauvres qui prièrent jusqu'à la nuit, appuyés sur la grille du cimetière des sœurs.

Quelques mois plus tard, les amis de la sœur Rosalie voulurent que l'on pût toujours reconnaître la place où reposait son corps ; ils le firent transporter à une des extrémités du cimetière, contre la grille qui sépare l'enceinte du chemin, afin qu'il fût plus près de ceux qui venaient prier. Une pierre fut placée sur la tombe, surmontée d'une grande croix avec cette inscription :

A SŒUR ROSALIE,

SES AMIS RECONNAISSANTS,

LES RICHES ET LES PAUVRES.

Tous les jours, surtout les dimanches, les jours du repos et de la prière, de pauvres gens viennent s'agenouiller auprès de ce tombeau ; beaucoup en emportent, en se retirant, un caillou, un peu de poussière, comme si cette terre avait été sanctifiée et imprégnée d'une vertu surnaturelle par le corps qu'elle a reçu en dépôt.

La presse fut unanime pour exprimer les regrets et l'admiration publics. Les partis, si ardents dans leurs luttes, si divisés dans leurs nuances, se trouvèrent d'accord. Il y eut un point sur lequel tous les journaux tinrent le même langage, portèrent le même jugement. Ceux-là mêmes qui, chaque jour, se combattent, et n'ont sur aucun sujet la même manière de voir, s'entendirent sur l'étendue de la perte que la charité venait de faire, et sur les hommages que méritaient les vertus de la sœur Rosalie.

La veille du jour où la sœur Rosalie était tombée malade, sa mère s'était éteinte sans maladie, sans douleur, à l'âge de quatre-vingt-huit ans. Après avoir élevé tous ses enfants dans la crainte de Dieu et l'amour de sa loi, elle avait consacré de ongues années à la méditation et à la prière ; entourée des soins pieux de sa famille, du respect, de l'affection de tout le voisinage, l'exemple et l'édification du pays qu'elle habitait, elle avait conservé jusqu'à son extrême vieillesse, exempte d'infirmités, toute la lucidité de son esprit et toute la vigueur de son âme.

Sa fille aînée seule lui manquait. En 1814, elle avait été à Paris passer quelques semaines avec la sœur Rosalie ; elle lui demandait dans toutes ses lettres de venir la voir à son tour. A ses instances répétées la bonne sœur avait toujours répondu qu'elle partirait immédiatement, si elle pouvait conduire tous ses enfants avec elle. Sa mère ne renonça à l'espérance de sa visite que le jour où elle apprit qu'elle était aveugle.

Les sœurs de la rue de l'Épée-de-Bois avaient envoyé à Mme Rendu un portrait très-ressemblant de la sœur Rosalie. Pour obtenir de leur supérieure qu'elle posât, il fallut lui prouver qu'en sacrifiant à ses pauvres la joie que sa présence aurait faite à sa mère, elle devait au moins lui envoyer en compensation son image.

Mme Rendu avait toujours ce portrait devant les yeux, et trompait, en le regardant, les douleurs de la séparation. Elle était heureuse des vertus de sa fille, fière de sa sainteté, et pleurait de joie toutes les fois qu'un habitant du pays de Gex, revenu de Paris, racontait le bon accueil, les services qu'il avait reçus de la supérieure de la rue de l'Épée-de-Bois, les bonnes œuvres dont il avait été témoin, les bénédictions qu'il avait entendu accumuler sur sa tête.

Le 2 février, quoique rien n'indiquât sa fin prochaine, Mme Rendu demanda à recevoir les derniers sacrements ; elle dit au curé de sa paroisse :

« C'est demain que vous célébrez la fête de saint François de Sales ; ce sera, je le sais, le jour de ma mort. »

Le lendemain, elle rassembla sa famille auprès de son lit, lui fit ses adieux sans trouble, sans faiblesse, parla de sa dernière heure comme d'un événement auquel elle était depuis longtemps préparée, et s'endormit doucement dans le Seigneur, en prononçant le nom de la sœur Rosalie.

La nouvelle de sa mort arriva à Paris le matin même de l'enterrement de sa fille, et ajouta encore à l'émotion de la journée. En les rappelant en même temps, Dieu a voulu épargner à chacune le chagrin de survivre à l'autre sur cette terre, et donner à toutes deux la joie d'entrer en même temps dans le ciel.

La charité qui ne meurt pas habite encore la rue de l'Épée-de-Bois ; les pauvres du faubourg Saint-Marceau sont visités dans leurs maladies et secourus dans leur misère ; les sœurs continuent leur admirable mission : les œuvres se propagent et se multiplient. Mais la sœur Rosalie, en quittant la terre, a laissé un vide qui de longtemps ne sera pas comblé. Dieu n'accorde pas tous les jours au monde des âmes comme la sienne ; il faut de longues années pour réunir en une seule personne tant de lumières et tant de force, tant d'intelligence et de tant de vertus ; longtemps le faubourg Saint-Marceau s'apercevra que cette main puissante n'est plus là pour le soutenir dans ses défaillances, pour le défendre dans ses luttes contre le vice et la misère. Il réclame déjà de la sainte ce qu'il ne peut plus espérer de la sœur. Comme aux jours où elle était de ce monde, on invoque son intercession pour obtenir un secours, une place, le succès d'une pétition ; les infirmes lui demandent l'adoucissement de leurs souffrances, les mères, la guérison de leurs enfants malades, et maintenant qu'on ne peut plus solliciter sa recommandation auprès des hommes, on la réclame auprès de Dieu. Quand on entre dans la maison d'un pauvre, il ne vous parle que des souvenirs et déjà des miracles de la sœur Rosalie : son image est partout, tous les habitants de son quartier ont voulu l'acheter : les moins riches demandent la plus grande, la plus belle, et si on leur objecte que cette image coûte bien cher pour celui qui gagne à peine de quoi payer le pain de chaque jour, ils répondent comme ce pauvre vieillard :

« Oui, c'est cher pour moi ; mais je puis bien rester, s'il le faut, un jour sans manger pour avoir le portrait de celle qui m'a nourri pendant si long-temps ! »

Les œuvres ne retrouveront plus cette expérience qui était leur lumière, cet appui qui ne manquait jamais à leurs premiers pas, cette admirable pénétration qui découvrait si vite et si bien en toute occasion ce qu'il fallait faire. A chaque instant, dans le domaine du bien, se fait sentir l'absence d'un intermédiaire si puissant entre la richesse et la pauvreté, d'un centre où venaient aboutir tant de plaintes et tant de prières, et d'où s'échappaient, comme des rayons divins, les consolations et les secours.

Toutes les fois qu'il se présente une situation

désespérée, un problème qui parait insoluble, un bien presque impossible à faire, un souvenir revient, les regards se tournent tristement vers la rue de l'Épée-de-Bois, et l'on s'écrie en gémissant :

« Oh ! si la sœur Rosalie était là ! »

Mais elle est surtout regrettée des sœurs qui vivaient avec elle, dont elle animait et dirigeait la charité ; elles ne s'accoutument pas à n'être plus sous son autorité maternelle ; elles ne peuvent, comme elles le disent, ni quitter sa maison, ni y revenir. Partout où elles portent leur dévouement, la sœur Rosalie leur est présente ; dans chaque œuvre qu'elles entreprennent, elles se demandent ce qu'auraient décidé la prudence, la charité, l'humilité de leur mère ; elles entendent sa voix aimée, et croient encore lui obéir, toutes les fois qu'elles font du bien.

Une d'elles est allée déjà la rejoindre.

La sœur Mélanie avait été vingt-cinq ans auprès de la sœur Rosalie. Grande, forte, énergique, elle était chargée de tous les travaux pénibles de la maison, de toutes les missions qui demandaient du sang-froid et du courage ; elle était le bras dont la supérieure était l'âme. Fallait-il conduire à l'hospice des aliénés une pauvre femme qu'on ne pouvait retenir dans la voiture, ramener à la raison quelque esprit turbulent emporté par l'ivresse, soutenir le membre que le chirurgien allait couper, la sœur Mélanie était toujours prête ; aux journées de juin elle reçut une balle dans sa cornette en allant relever un blessé ; elle était près de la supérieure lorsque l'officier fut sauvé, et répondit aux insurgés qui voulaient l'intimider :

« Je ne crains que Dieu. »

Elle veillait la sœur Rosalie pendant ses longues maladies. Inconsolable de sa perte, elle se reprochait de n'avoir pas été réveillée la nuit où se déclara la fluxion de poitrine, ne parlait que de la sainte morte, avait toujours à la bouche une de ses paroles, un des traits de sa vie.

« Je ne suis qu'une pauvre fille sans instruction, » disait-elle à ceux qui lui demandaient quelques souvenirs du long temps qu'elles avaient passé ensemble ; « pour la première fois de ma vie je regrette de n'avoir pas assez d'intelligence pour faire admirer à tous les vertus de notre sainte mère. »

Une seule pensée, un seul vœu remplissait son âme : elle espérait aller bientôt la retrouver.

Peu de temps après, elle vint faire une retraite à la communauté. Le choléra et le typhus sévissaient dans les hôpitaux de Constantinople ; les sœurs étaient frappées au pied du lit des soldats mourants. Un premier envoi avait été déjà décimé.

La supérieure générale assemble les sœurs le dernier jour de la retraite, elle en demande quinze
pour remplacer en Orient celles que la maladie et
la mort ont éloignées du service des malades ; qua-
rante-cinq se présentent, la sœur Mélanie était du
nombre ; on la choisit, tant elle exprimait le désir
de mourir bientôt. Avant de partir, elle alla prier
sur la tombe de la sœur Rosalie, lui demander une
partie de son cœur et de sa charité. A son passage
à Marseille, et lorsque ses parents lui firent leurs
adieux :

« Je vais au ciel par le chemin le plus court,
leur dit-elle, par celui de Constantinople. »

Au bout de quelques semaines, des lettres de
Scutari annonçaient que Mlle Esparbier, de Tou-
louse, en religion sœur Mélanie, était morte du
typhus dans l'exercice de ses charitables fonctions.
Dieu n'avait pas fait attendre sa servante ; l'humble
fille était réunie à sa mère.

CHAPITRE XV.

CONCLUSION.

On raconte qu'un visiteur, attiré de loin dans la rue de l'Épée-de-Bois par l'espérance de rencontrer quelque chose d'extraordinaire, après avoir été reçu par une sœur qui l'accueillit avec politesse, qui lui parla avec simplicité et remplit devant lui les fonctions de son ministère, demanda à être présenté à la supérieure ; et en apprenant qu'il venait de la voir, il s'écria :

« Comment ! la sœur Rosalie, ce n'est que cela ! »

Il n'avait, en effet, rien vu en elle qui la distinguât des autres, et ne pouvait s'expliquer l'extrême disproportion qui lui semblait exister entre la personne et sa réputation, entre les faits et la renommée.

L'histoire de la sœur Rosalie pourra peut-être, au premier abord, inspirer cette même pensée et arracher une pareille exclamation. Que voit-on en effet dans cette histoire? Une pauvre sœur de la Charité, cachée dans une des positions les moins importantes de son ordre, à la tête d'une très-petite communauté, dans le plus misérable quartier de Paris, qui, pendant cinquante ans, ne sort pas de la maison de la rue de l'Épée-de-Bois, ne fonde aucune œuvre éclatante, ne laisse après elle rien de sublime, rien d'héroïque à raconter, ni missions lointaines, ni service des blessés aux ambulances et sous le feu de l'ennemi; seulement des actions ordinaires, des événements de tous les jours : un soldat sauvé pendant une émeute, la grâce d'un père obtenue par les prières de sa fille, des enfants reçus à la crèche, à l'école, à l'asile, de jeunes ouvrières patronées, des familles soulagées dans leur misère; ce que font sans cesse et partout où elles se trouvent les sœurs et les œuvres, ce qui semble à la portée de toute âme charitable et chrétienne. Puis, en regard de ces humbles choses, une réputation qui va s'étendant jusqu'aux extrémités du monde; les sommités du pouvoir, de la fortune, de l'intelligence se pressant dans un petit parloir;

l'obéissance respectueuse du peuple, les hommages et les visites des souverains pendant la vie; et, après la mort, un deuil universel, un convoi plus suivi que celui des hommes illustres et des glorieux monarques, un nom sur toutes les lèvres, une mémoire dans tous les cœurs.

Ce contraste a de quoi surprendre, et paraît, au premier coup d'œil, difficile à expliquer; mais, pour qui pénètre jusqu'au fond des choses, la solution du problème ne se fait pas attendre, et l'étonnement se change bientôt en admiration.

La sœur Rosalie avait reçu de Dieu ce qui donne l'autorité et la puissance, ce qui assure une belle place dans le ciel et sur la terre, ce qui fait les esprits supérieurs et les âmes d'élite; elle avait la prudence et la simplicité, la haute intelligence et la vertu, l'innocence et le génie; elle était capable de gouverner les hommes, de fonder les plus magnifiques institutions, de laisser après elle les plus profondes traces; elle pouvait passer sa vie à faire de grandes choses.

Elle a préféré l'uniformité d'une existence obscure qui se dévoue à la pratique habituelle du bien; elle a recommencé chaque jour le travail de la veille, sans jamais chercher à sortir de la ligne tracée et de la voie commune, sans qu'il fût possible de distinguer laquelle de ses journées avait été la plus utile, laquelle de ses actions avait eu le plus de mérite. En résumé, pendant cinquante ans, elle a employé son génie et sa vertu à remplir mieux que personne les plus ordinaires devoirs de sa sainte profession.

Cette préférence a fait le mérite, l'utilité et la grandeur de sa vie. Les actions d'éclat, les sacrifices sublimes sont l'effort d'un jour, ils portent avec eux leur stimulant et leur récompense ; l'âme trouve dans leur grandeur même un levier qui la soulève, soutient son élan, et multiplie son énergie ; il y a, dans toute grande action, quelque chose de l'entraînement qui pousse le soldat à l'assaut, et fait souvent d'un homme médiocre un héros sur le champ de bataille ; les blessures et la mort elle-même ont leurs attraits sous la forme de la gloire ou du martyre Le dévouement caché qui renouvelle à chaque heure, à chaque personne son sacrifice, qui, sans bruit, sans éclat, se dépense goutte à goutte pour les faiblesses et les misères humaines, exige une volonté supérieure et l'ensemble de plus hautes vertus. Il coûte plus à la nature, il rapporte plus à l'humanité.

C'est au travail pénible et vulgaire qui sans cesse tourne et retourne la terre, que l'on doit les riches moissons ; le modeste enseignement des écoles primaires et chrétiennes sert plus à la régénération d'un peuple que les éloquentes leçons de ses savants et de ses docteurs, et la sœur Rosalie a guéri plus de maux, a sauvé plus d'âmes par ses visites, ses paroles, ses secours de chaque jour, que par les faits les plus éclatants et les actions les plus héroïques.

Voilà ce que le monde reconnaissait lui-même, lorsqu'il venait la chercher dans sa retraite, lui demander des conseils, des consolations, des exemples, en échange de son respect et de ses aumônes, lorsqu'il entourait sa vie et sa mort de tant d'affection et d'hommages. Par une rare exception, les hommes, qui n'accordent leurs applaudissements qu'à ce qui brille et retentit, ont admiré en elle l'obscurité et le silence ; ils ont glorifié l'humilité des simples devoirs, ils ont préféré la perfection de l'œuvre à son éclat ; en un mot, ils l'ont jugée comme juge Dieu lui-même.

Faire le mieux possible les choses ordinaires, ce fut la règle et le but de toute la vie de la sœur Rosalie ; c'est aujourd'hui son mérite et sa gloire aux yeux de Dieu et des hommes ; ce sera le grand, le salutaire enseignement de son histoire.

FIN.

NOTES

NOTE 1.

PAGE 9, LIGNE 5.

La famille de la sœur Rosalie était établie à Comfort au commencement du xvıᵉ siècle.

Elle compte, en ce moment, parmi ses membres, Mgr Rendu, évêque d'Annecy ; quatre Filles de la Charité ; M. le baron Rendu, ancien procureur général près la Cour des comptes ; M. Ambroise Rendu, conseiller honoraire de l'Université.

Deux de ses sœurs, Mme Fléchère et Mme Laracine, lui ont survécu.

NOTE 2.

PAGE 29, LIGNE 20.

Les sœurs de Saint-Vincent-de-Paul, lors de leur réunion à la maison de la rue du Vieux-Colombier, portaient la robe et le bonnet noirs.

Le quatrième dimanche de l'Avent de l'année 1804, le pape Pie VII alla visiter la communauté ; il parut surpris que les sœurs n'eussent pas repris l'ancien habit de leur ordre, et, sur l'observation que jusque-là aucune communauté n'avait osé porter extérieurement le costume religieux, il en parla à l'empereur, en lui disant que les bonnes filles de la Charité avaient l'air de veuves. L'empereur, à sa sollicitation, autorisa les sœurs à reprendre leur ancien habit, ce qui n'eut lieu qu'au printemps de 1805.

NOTE 3.

PAGE 120, LIGNE 4.

Mgr Dupuch n'a trompé ni les espérances ni les craintes de la sœur Rosalie. Après avoir conquis dans le saint ministère la réputation d'un apôtre de la charité, et avoir donné l'impulsion aux œuvres les plus utiles et les plus méritoires, il fut appelé au

siége épiscopal d'Alger, que le saint-siége venait
d'ériger, à la demande du gouvernement français,
lorsque, suivant la parole d'un de ses ministres, la
France voulut prendre par la foi une dernière et
solennelle possession de l'Algérie. Le choix du
nouvel évêque fut accueilli par des acclamatións et
une joie universelles. Dès son arrivée sur la terre
d'Afrique, il se donna tout entier à son troupeau,
fit venir quatre-vingts ouvriers qui manquaient à la
divine moisson, fournit de vases sacrés, d'orne-
ments et du mobilier nécessaire à l'exercice du
culte, soixante églises, chapelles ou oratoires ; fonda
deux grands établissements pour les orphelins ; ouvrit des classes et des ouvroirs pour les jeunes filles,
et trois écoles de garçons confiées aux frères des
Écoles chrétiennes ; réunit des associations de dames
pieuses et charitables chargées du soin des malades,
du patronage des enfants, de la visite des pauvres,
et dans son vaste diocèse fit sentir sa main et son
cœur partout où il y avait une souffrance morale
ou physique à soulager. Mais ses ressources trahi-
rent son zèle ; sa charité, comme aux jours de ses
courses au faubourg Saint-Marceau, ne calcula pas :
il ne voyait que le bien à faire, sans tenir compte de
l'inégalité entre les recettes et les dépenses. Il n'é-
tait ému que des âmes à sauver, que des misères à
secourir ; il ne pensait pas aux sommes énormes que
coûtaient ses fondations et ses libéralités ; il n'était
pas de ce monde, où le zèle le plus pur a besoin

8*

d'être réglé par la raison , où l'élan le plus désinté-
ressé doit s'arrêter devant les nécessités financières.
Donner tout ce qu'il avait pour ses frères lui paraissait si simple, qu'il ne soupçonnait pas le refus et
les mécomptes inévitables quand il faudrait payer
les dettes contractées par la charité ; il y dépensa sa
crosse et sa mitre, comme le prévoyait la sœur
Rosalie ; il dut abandonner son siége, quitter son
cher troupeau. Les sages le blâmèrent ; l'exil et les
reproches des prudents lui firent expier l'impétuosité
de son zèle et les excès de sa charité : mais le ciel
est fait pour les imprudents de ce genre, et dans un
temps où l'amour du gain et la poursuite de la fortune ont entraîné tant de ruines , il est difficile de ne
pas entourer de respect et d'hommages la mémoire
de celui qui s'est ruiné pour avoir trop donné à Dieu
et aux pauvres.

NOTE 4.

PAGE 259, LIGNE 13.

*Discours prononcé par M. de Saint-Arnaud, maire
du douzième arrondissement, aux obsèques de la
sœur Rosalie, le 9 février 1856.*

MESSIEURS,

Le recueillement et le silence eussent plus digne-
ment répondu peut-être au sentiment de ce grand

deuil. On comprend, en effet, qu'il n'y ait point de langage à la hauteur du regret universel qui réunit autour de cette tombe et l'assistance qui s'y presse, et la foule qui n'obéit qu'à elle-même et que n'appelaient sur nos pas ni l'éclat des funérailles, ni le spectacle toujours saisissant de la grandeur et de la puissance, amenées par la volonté divine à cet inévitable rendez-vous; mais nous accomplissons un pieux devoir en déposant sur la tombe de sœur Rosalie les derniers adieux et les touchants respects du douzième arrondissement.

Si le nom et les œuvres de sœur Rosalie appartiennent au monde chrétien, si la France entière les revendique, si Paris en est fier, c'est au douzième arrondissement qu'elle s'était dévouée; c'est au milieu de nous, dans le quartier le plus pauvre, au sein des plus profondes misères, que durant près de soixante ans elle a mis son bonheur et trouvé sa gloire à nous secourir et à nous soulager.

Ce n'est ni le lieu ni le moment de raconter sa vie si pleine; un seul mot la résume : digne fille de saint Vincent de Paul, elle a porté la robe de son ordre de manière, ce qui paraissait difficile, à la rendre encore plus respectable et plus chère au peuple.

Elle a traversé nos troubles civils dans un sentiment si vrai de sa mission chrétienne, qu'on eût dit à chaque épreuve que son influence gagnait en solidité comme sa charité en ardeur.

La croix d'honneur qu'une main auguste avait

fixée sur sa poitrine, sa modestie ne lui permit pas de l'y conserver : il lui semblait qu'on eût pu croire que tant de mérites et de vertus avaient eu pour fin quelque chose de nos distinctions d'ici-bas : sa récompense n'était pas de ce monde.

Indulgente et ferme, accessible et respectée, à l'instinct de la charité elle joignait la science qui en fait une sorte de fonction publique. Bonne pour le conseil, ardente à servir, on admirait en elle la décision de l'administrateur, et cette fertilité de ressources pour faire le bien, où brillait le cœur de la femme. Elle avait reçu du Ciel ce don des natures privilégiées, une puissance d'attraction d'où naissait une partie de sa force ; car elle était devenue la dépositaire des secrètes aumônes, source de tant de bienfaits sortis de ses mains.

On peut dire que le nom de sœur Rosalie restera lié à la reconnaissance publique tant qu'il plaira à Dieu de laisser sur la terre le tribut de la souffrance et le culte de la charité.

Vous avez vu comme elle remplissait de son esprit, comme elle animait de sa grande âme ces institutions sur lesquelles repose pour nos familles indigentes l'espoir d'un meilleur avenir : la crèche, l'asile, l'ouvroir. Ce sont là les trésors qu'enferme dans ses murs cette sainte maison de la rue de l'Épée-de-Bois, ce noble seuil qu'ont arrosé tant de larmes de reconnaissance, et que n'ont pas dédaigné de franchir notre empereur et notre impératrice bien-aimés ; seuil désolé aujourd'hui, et que sœur Rosalie ne devait quitter qu'en échangeant sa trop courte existence contre l'éternelle vie.

Sœur Rosalie, adieu. Priez pour nous !

———

TABLE

—

Tours, imp. Mame.